Het Bahá'í Kinderwerkboek

Nederlandse uitgave

140 leuke oefeningen en lessen voor kinderen

Tekst en illustraties van **Sara Clarke-Habibi**

Het Bahá'í Kinderwerkboek

Eerste uitgave © 2007

Herziene uitgave © 2008

2^e herziene uitgave © 2010 Sara Clarke-Habibi

Eerste Nederlandse uitgave

© 2012 Sara Clarke-Habibi i.s.m. Uitgever A Creative Soul

Tekst en illustraties: Sara Clarke-Habibi

Nederlandse vertaling en bewerking:

Wil van der Kooij-Fienieg en Annemieke Brands-Verschuur

Drukwerk van Lightning Source Inc. (USA/UK)

ISBN: 978-94-90325-05-3

Bestelinformatie :

Het bahá'í kinderwerkboek is te koop bij de Bahá'í Bookshop: **www.bahaibookshop.nl**

Ook online te bestellen op: **www.bahaichildrensworkbook.net**

of per email: **sarahabibi@live.com**

Dankwoord

De geschiedenislessen in dit boek zijn gebaseerd op passages uit de reeks *Bahá'í Education for Children* van Hand van de Zaak van God, dhr. ´Ali Akbar Furútan.

Ik ben het Publication Review Comittee van de Nationale Geestelijke Raad van de Verenigde Staten zeer erkentelijk voor zijn ondersteuning en goedkeuring van deze publicatie en de Nationale Geestelijke Raad van de Bahá'ís van Nederland voor zijn instemming met deze editie in het Nederlands.

Hierbij dank ik eveneens Annemieke Brands-Verschuur van uitgever A Creative Soul voor haar bemiddeling en Wil van der Kooij-Fienieg in het bijzonder voor haar vertaling.

Inhoudsopgave

Wij zijn een wereldgemeenschap van mensen. Wij komen uit vele landen en culturen. Wij spreken verschillende talen, dragen verschillende kleren en hebben verschillende tradities.
Wat verbindt ons met elkaar?
Wij zijn bahá'ís !

WIE BEN IK?

Plaatsen in de wereld die ik zou willen bezoeken: ___________

____

Een van mijn favoriete dingen om te doen is: _____________

____

Ik vind dat leuk omdat: ___________________________

____

WAT BETEKENT " BAHÁ'Í " ?

Het woord " Bahá'í " betekent een "volgeling van het licht"!
Sommige lichten zijn groot en sommige lichten zijn klein. Wat is
de grootste lichtbron in het universum? Kun jij die hier tekenen?

BAHÁ'Í-LERINGEN

Bahá'u'lláh leert ons:

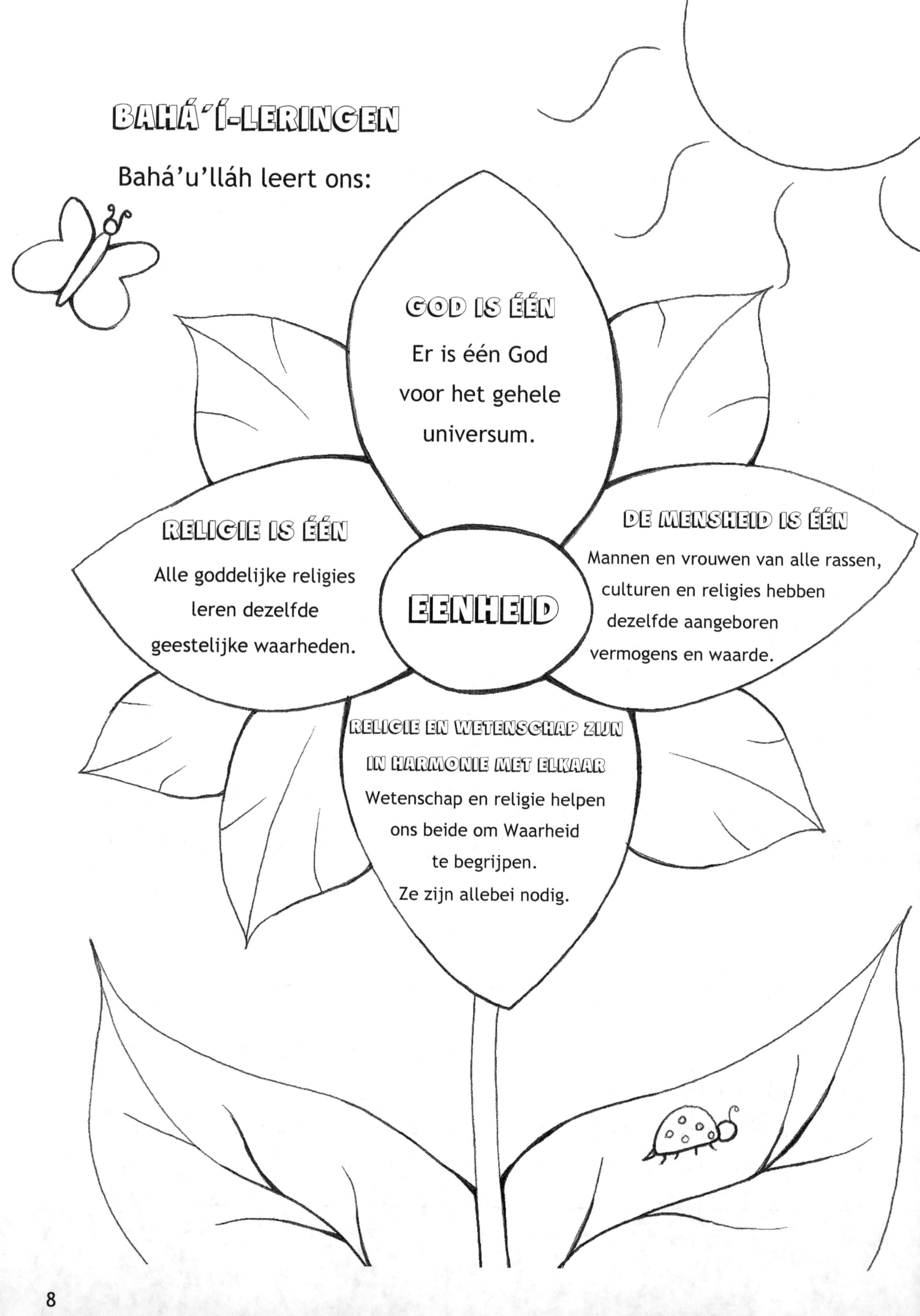

Het Bahá'í-geloof

WAT IS EEN BAHÁ'Í?

Een bahá'í is iemand die leeft volgens de leringen van Bahá'u'lláh.
Bahá'u'lláh leerde dat:

Als bahá'ís proberen wij Bahá'u'lláh beter te leren kennen door Zijn heilige geschriften te lezen en over Zijn leven te leren. En wij proberen Hem lief te hebben en Hem gelukkig te maken door Zijn geboden na te volgen en behulpzaam en vriendelijk te zijn voor alle levende wezens.

Een bahá'í zijn betekent Bahá'u'lláh's Openbaring als waarheid erkennen, en Zijn geboden navolgen.

Het betekent mensen van alle religies, rassen en culturen liefhebben en naar het licht van waarheid zoeken in de heilige tradities van de wereld en ook in de wetenschap.

Een bahá'í sluit niemand uit en probeert middenin de verscheidenheid eenheid te scheppen.

SCHRIJFOEFENING

Oefen het schrijven van deze namen en woorden die vaak in de bahá'í-geschriften voorkomen. Controleer goed of alle streepjes en komma´s juist zijn.

Bahá'u'lláh

Bahá'u'lláh

De Báb

De Báb

'Abdu'l-Bahá

'Abdu'l-Bahá

Bábí

Bábí

Bahá'í

Bahá'í

Manifestatie

Manifestatie

Openbaring

Openbaring

Alláh-u-Abhá

Alláh-u-Abhá

DE CENTRALE FIGUREN VAN HET BAHÁ'Í-GELOOF

Dit zijn de Centrale Figuren van het Bahá'í-geloof:

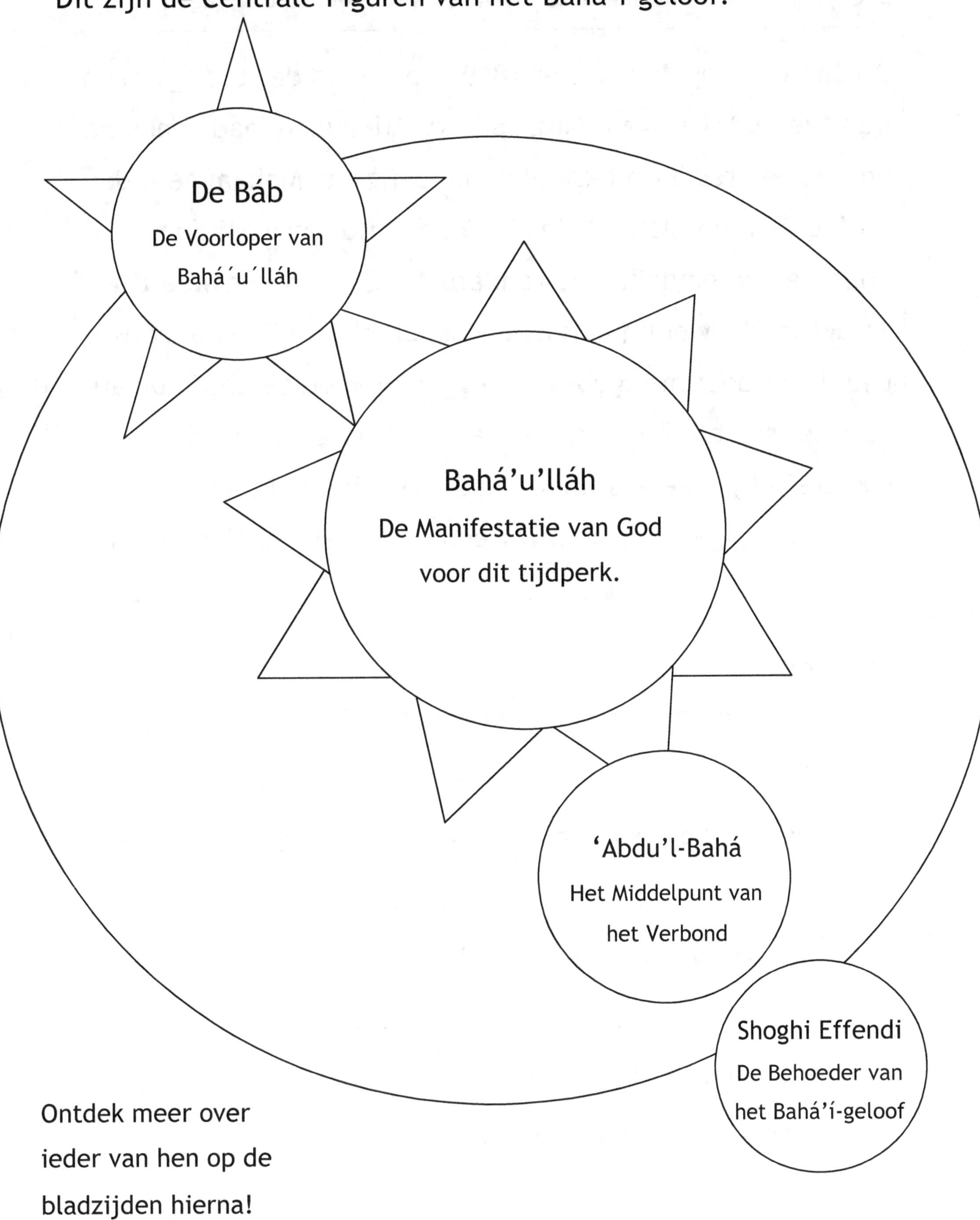

Ontdek meer over
ieder van hen op de
bladzijden hierna!

DE KINDERTIJD VAN DE BÁB

Lees het verhaal dat hieronder staat en beantwoord de vragen.

De Báb werd op 20 oktober 1819 geboren in de stad <u>Shíráz</u> in Iran (Perzië). Hij werd Mírzá Siyyid 'Alí-Muhammad genoemd en was een rechtstreekse afstammeling van Mohammed, de Profeet van de Islam. Al in zijn kindertijd werd Hij door vriend en vreemdeling bewonderd om Zijn prijzenswaardige karakter. Hoewel hij een kind was, bracht de Báb de meeste tijd liever door met gebeden zeggen en mediteren, in plaats van met spelen. Zijn leraren waren verbaasd over zijn voortreffelijke kennis. Inderdaad, de Báb was krachtig, zachtaardig, jeugdig en bezat een grote aantrekkingskracht.

Vragen:

1. Hoe luidde de volledige naam van de Báb?_______________

2. Wanneer en waar werd de Báb geboren? _______________

3. Hoe bracht de Báb de meeste tijd door toen hij een kind was.

   ____

4. Wat voor soort leerling was de Báb? _______________

   ____

5. Waar ligt de stad <u>Shíráz</u>? Wijs hem aan op de kaart van Iran

   op blz.15 en zet er een kruisje bij.

KAART VAN HET MODERNE IRAN

Als je verhalen leest over de Bábí- en Bahá'í-geschiedenis, probeer dan de steden en plaatsen die er in voorkomen te vinden op deze kaart van het moderne Iran:

DE VERKONDIGING VAN DE BÁB

Lees het verhaal en beantwoord de vragen.

Op 22 mei 1844, toen de Báb nog maar 25 jaar oud was, kwam er een beroemde Islamgeleerde aan bij de poorten van <u>Sh</u>íráz. Hij heette Mullá Husayn en hij was op zoek naar de "Beloofde". De Báb die toen nog een vreemdeling voor hem was, begroette Mullá Husayn en nodigde hem uit om mee te gaan naar Zijn huis. Zij spraken met elkaar tot na middernacht en de Báb openbaarde Zich als de Boodschapper van God, die was gestuurd om de komst aan te kondigen van het Koninkrijk van God op aarde. Zijn titel "de Báb" betekent "de Poort" en symboliseert dat Hij de toegang is naar Bahá'u'lláh, de Beloofde van alle tijden.

Vragen:

1. Waar en wanneer verkondigde de Báb Zijn Zending?

   ____

2. Aan wie openbaarde de Báb zich als eerste? ________________

3. Wat betekent de Arabische titel "de Báb"? ________________

4. Welke boodschap bracht de Báb? _______________________

   ____

   ____

DE POORT

"De Báb" is een titel in het Arabisch die "de Poort" betekent.
Kleur de poort naar het huis van de Báb in <u>Sh</u>íráz waar zijn
eerste volgelingen doorheen gingen om Hem te ontmoeten.

Probeer dit gebed foutloos over te schrijven en zeg het op totdat je het uit het hoofd kent.

Schenk mij, o Heer, naar Uw behagen mijn deel en laat mij tevreden zijn met hetgeen Gij voor mij hebt bestemd. Aan U is de absolute macht te bevelen!

– De Báb

ENKELE EERSTE BÁBÍS

De eerste volgelingen van de Báb werden de "Letters van de Levende" genoemd. Met de Báb Zelf erbij gerekend waren zij met 19 Letters van de Levende.

Mullá Husayn was de eerste volgeling van de Báb. 40 dagen lang vastte hij en zei gebeden om zich geestelijk voor te bereiden op de zoektocht naar de Báb.

Quddús, de achttiende Letter en meest de bewonderde volgeling van de Báb, was pas 22 jaar oud toen hij tot de Zaak toetrad en een onbevreesde voorvechter werd van de Báb's Boodschap.

Táhirih, door de Báb "Troost voor de Ogen" genoemd, was de eerste vrouw die Zijn Openbaring erkende. Zij zou ook de eerste vrouw in de moslim-samenleving worden die haar sluier afdeed en stoutmoedig de gelijkwaardigheid van vrouwen en mannen verkondigde.

Vragen:

1. De eerste volgeling van de Báb was: ___________________________

2. De achttiende 'Letter van de Levende' was: ___________________

3. De eerste vrouw die de Báb aanvaardde was: __________________

HET GETAL NEGENTIEN

Het getal 19 was heel belangrijk voor de Báb. Negentien is de numerieke waarde van het Arabische woord "Vahid", wat "onderdeel" of "eenheid" betekent. De eerste eenheid van Babi's (de "Letters van de Levende " genoemd) bestond uit 19 mensen. Ook in de Bahá'í-kalender, die door de Báb is gemaakt, wordt het jaar verdeeld in 19 maanden van elk 19 dagen.

Kleur de onderdelen met een stip om het verborgen woord te vinden:

WIST JE ...?

Dat het voor bahá'ís een plicht is om het gebed "Alláh-u-Abhá"
(wat "God is glorierijk" betekent) elke dag 95 keer te zeggen?
Het getal 95 is gelijk aan 5 keer 19 ! Met andere woorden:

$$19 + 19 + 19 + 19 + 19 = \mathbf{95}$$

HET GETAL 19

Zoek uit de rijen hieronder steeds twee kaarten bij elkaar die samen 19 zijn.

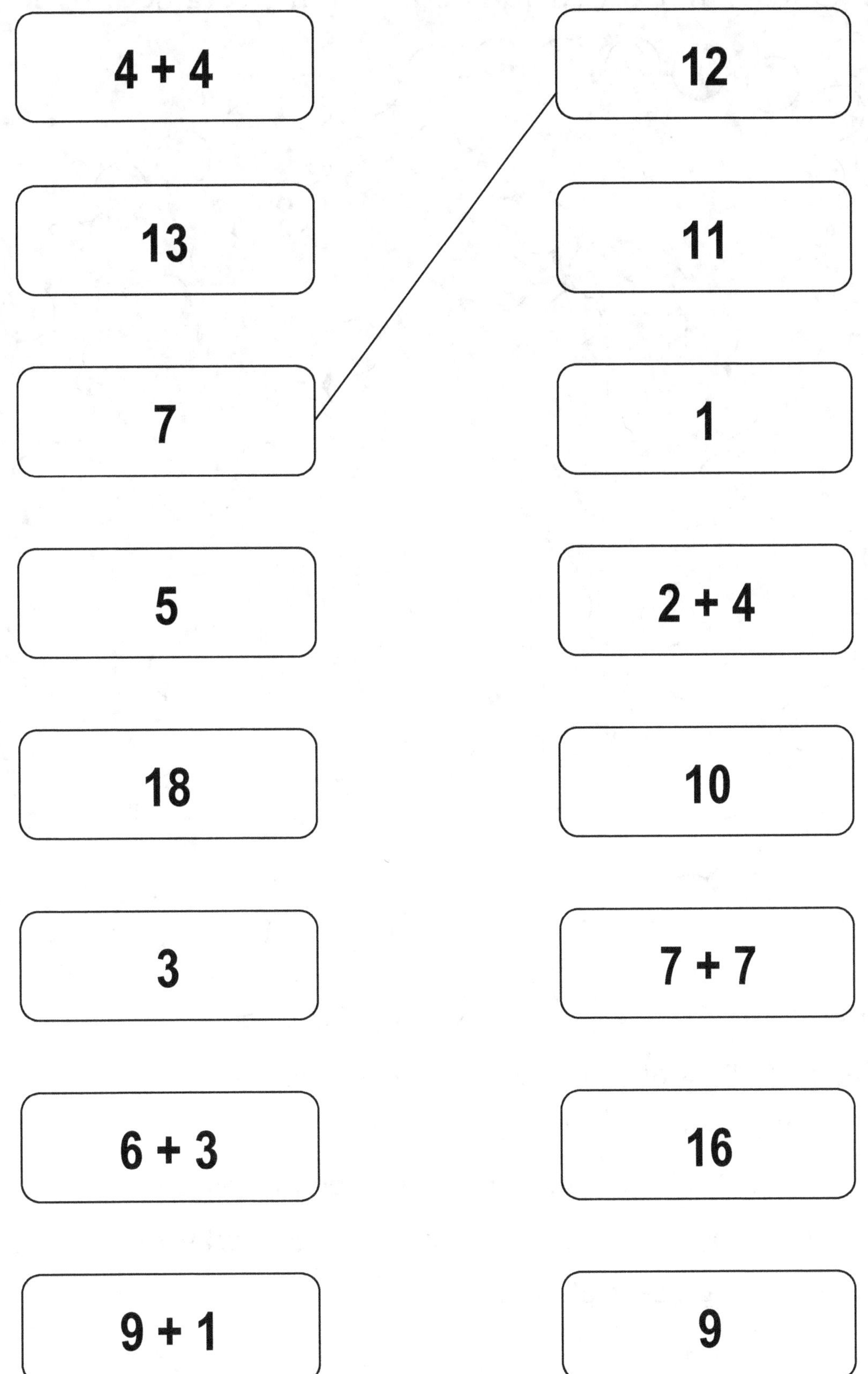

GEBEDSKETTING

Deze gebedskettingen worden gebruikt om gebeden te tellen, zoals "Alláh-u-Abhá" dat door bahá'ís elke dag 95 keer wordt gezegd. Maak het tellen van de kralen af, volg de instructies.

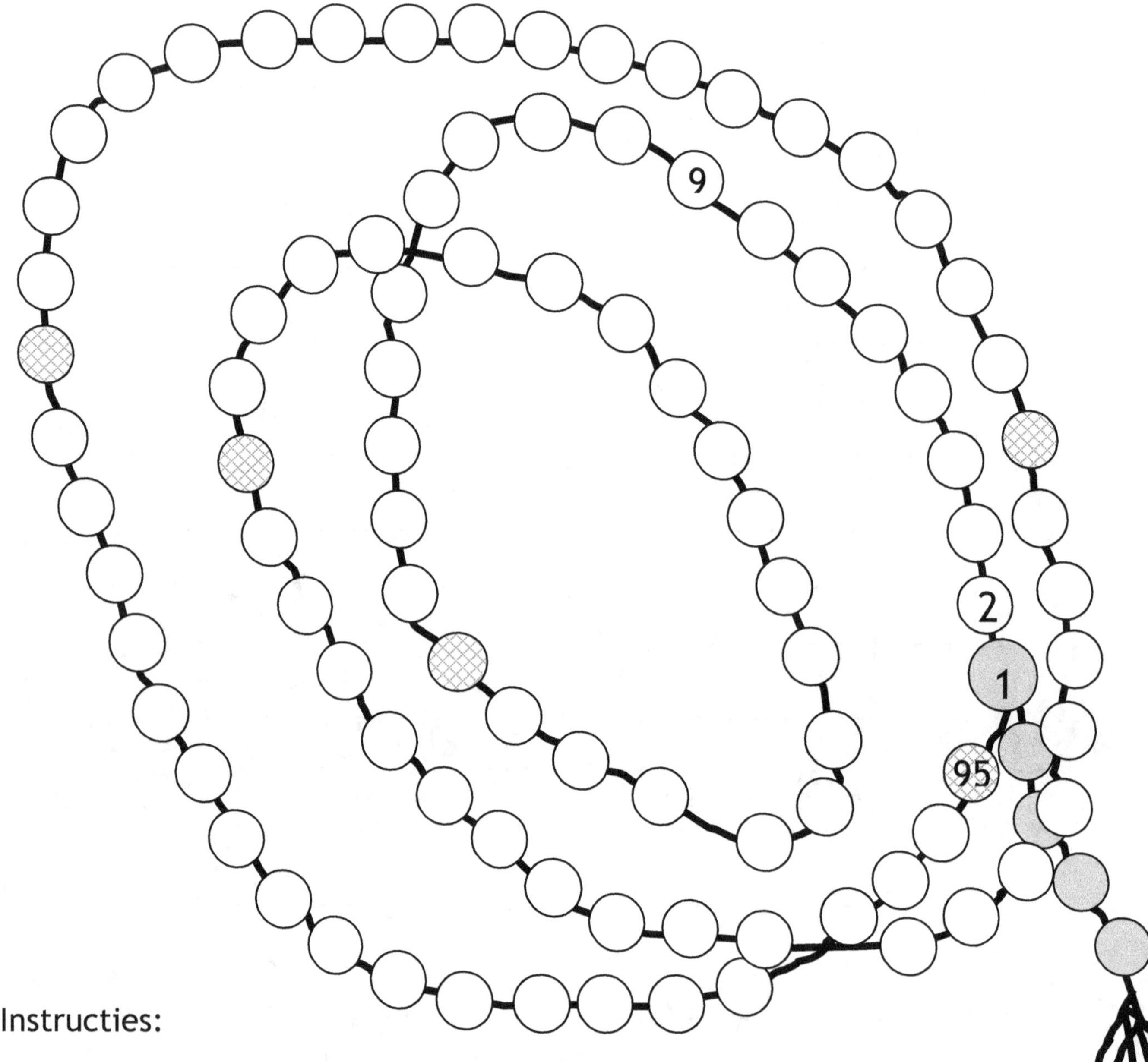

Instructies:

   a) Nummer alle kralen in volgorde van 1 - 95.
   b) Kleur elke serie van 19 kralen in een andere kleur
      (b.v. kraal 1-19 rood, dan kraal 20-39 blauw, enzovoort)
   c) Hoeveel series van 19 kralen heeft deze gebedsketting?
   d) Nummer de grijze kralen van 1-5.

DE VIJFPUNTIGE STER

Weet je dat de Báb de vijfpuntige ster als Zijn symbool heeft uitgekozen? Hij koos dit symbool omdat het op de menselijke vorm lijkt. In Hun Geschriften vergelijken de Báb en Bahá'u'lláh het lichaam van Gods Boodschapper met een *tempel* (in het Arabisch "haykal" genoemd) omdat hierdoor de goddelijke volmaaktheden in de materiële wereld tot uitdrukking worden gebracht.

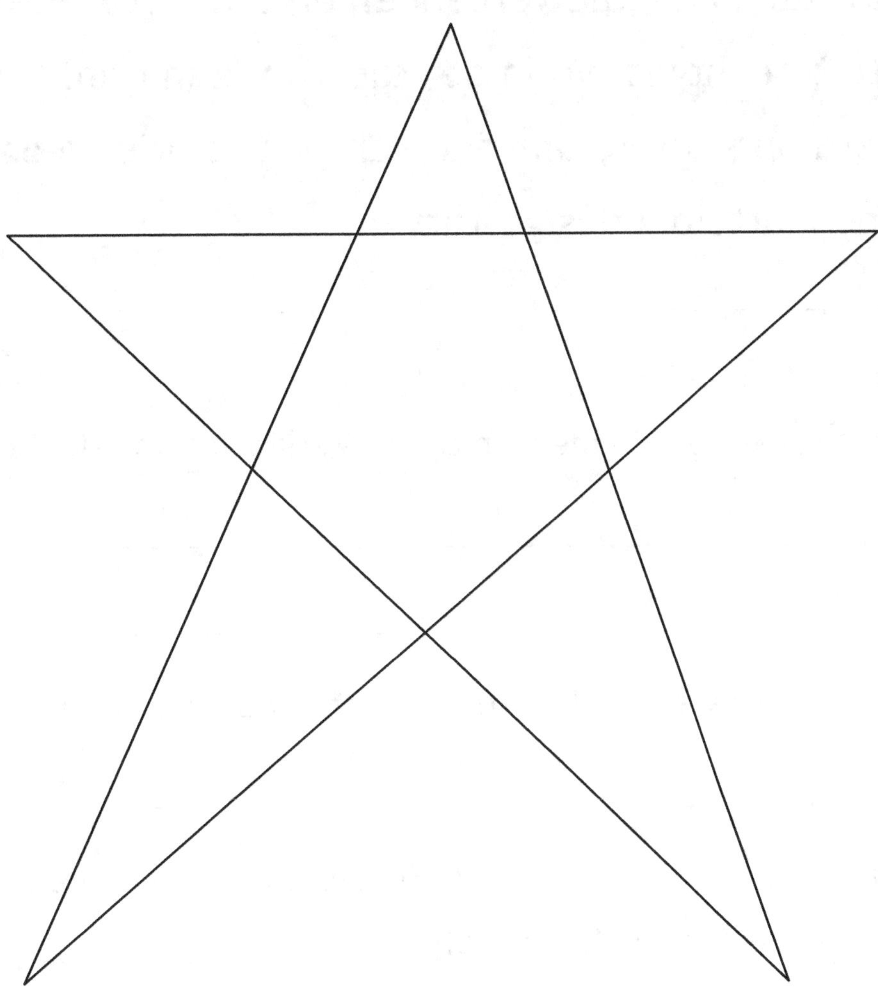

Kun jij je deze ster als een persoon voorstellen door er een hoofd, armen, een romp, benen en voeten aan te tekenen?

HET MARTELAARSCHAP VAN DE BÁB

Lees het verhaal en beantwoord de vragen:

Na de verklaring van de Báb aanvaardden vele mensen Hem en werden Zijn volgelingen, waaronder ook vele belangrijke moslim geestelijken. Maar er kwam ook een zware vervolging. Vijanden van de Báb, met een hart vol haat en jaloezie, vielen de bábís aan. De Báb zelf werd in de gevangenis gezet, werd van stad naar stad verbannen en tenslotte werd Hij op 9 juli 1850, terechtgesteld in de stad Tabríz in Iran. Omdat Zijn leven werd opgeofferd omwille van Gods glorie, zeggen we dat Hij de marteldood is gestorven.

Vragen:

1. Hoe reageerden de mensen op de Verklaring van de Báb?

   ____

   ____

2. Wanneer en waar is de Báb de marteldood gestorven?

   ____

3. Waar is de stad Tabríz? Zoek de stad op de kaart die op blz.15 staat en zet er een kruisje bij.

DE GRAFTOMBE VAN DE BÁB

Nu liggen de stoffelijke resten van de Báb in een mooie graftombe op de berg Karmel in Israël. Er zijn 19 terrassen van de graftombe naar boven en naar beneden. Ze symboliseren de Báb en Zijn eerste 18 volgelingen. Nummer alle terrassen van 1 t/m 19.

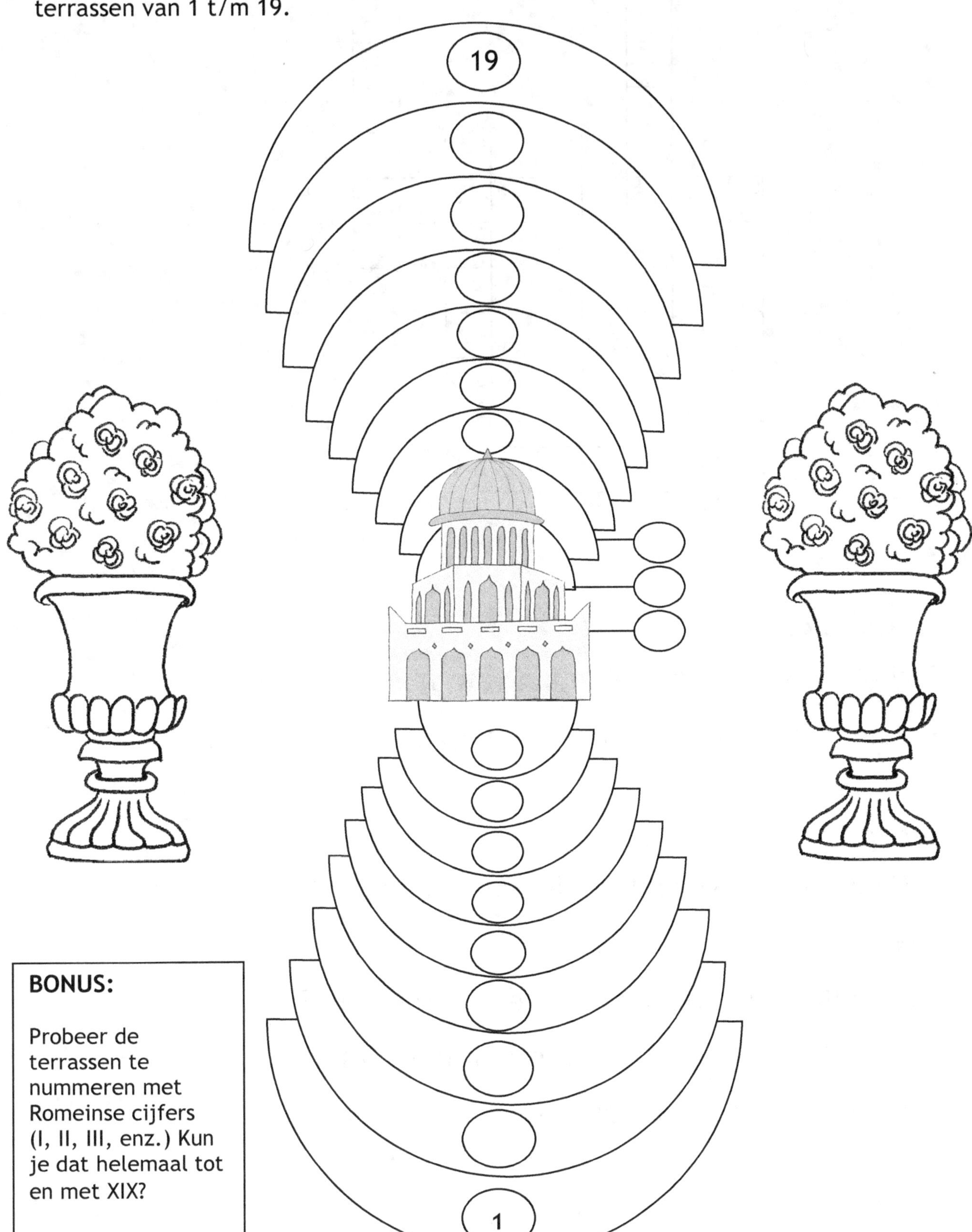

BONUS:

Probeer de terrassen te nummeren met Romeinse cijfers (I, II, III, enz.) Kun je dat helemaal tot en met XIX?

DE BÁBÍ-GESCHIEDENIS PUZZEL

Beantwoord de vragen om de puzzel te maken:

Horizontaal

5. Wie was de eerste volgeling van de Báb?

6. Maak deze titel van de Báb compleet: "--------Punt"

Verticaal

1. Wiens komst werd door de Báb voorspeld?

2. Waar werd de Báb geboren?

3. In welke stad stierf de Báb de marteldood?

4. Wie was de laatste "Letter van de Levende"?

5. Van wie stamde de Báb af?

DE OPKOMST VAN BAHÁ'U'LLÁH

Lees het verhaal en beantwoord de vragen.

De Bábís hadden het zwaar te verduren. De koning van Perzië en de religieuze leiders behandelden hen wreed in de hoop dat het nieuwe Geloof vernietigd kon worden. Vele Bábís werden gedood. Na de marteldood van de Báb Zelf waren Zijn volgelingen diepbedroefd, wanhopig en ze vormden geen eenheid meer.

Te midden van hen stond Bahá'u'lláh op als leider en Hij stond sterk, ondanks deze gevaarlijke en machtige vijanden. Hij gaf de Bábís moed en zei tegen hen dat zij bereid moesten zijn om beproevingen te ondergaan en alles wat zij bezaten op te offeren voor hun Geloof. Hij onderwees de Bábís en moedigde hen aan om te onderrichten en het Geloof te verkondigen. Op deze manier werd Gods nieuwe Openbaring verspreid en het licht van Bahá werd sterker en sterker.

Vragen:

1. Hoe voelden de Bábí's zich na de marteldood van de Báb?

   ____

2. Wat deed Bahá'u'lláh om de Bábís sterker te maken?

   ____

   ____

3. Welke overwinning werd door Bahá'u'lláh's daden behaald?

   ____

BAHÁ'U'LLÁH'S JEUGD

Lees het verhaal en beantwoord de vragen.

Bahá'u'lláh werd op 12 november 1817 geboren in de stad Teheran in Iran (Perzië). Hij werd Mírzá Husayn-'Alí genoemd. Zijn vader was een bekende minister aan het hof van de koning en Bahá'u'lláh leefde in Zijn kinderjaren in grote weelde.

Bahá'u'lláh was als klein kind al bijzonder. Hij huilde en schreeuwde nooit. Hij hield van de natuur en van rondzwerven in de tuinen en de groene weiden. Hij toonde een grote intelligentie en wijsheid. Hij behandelde alle mensen vriendelijk en schonk vooral aandacht aan de arme mensen. Veel mensen bewonderden Zijn lovenswaardige karakter.

Vragen:

1. Wanneer en waar werd Bahá'u'lláh geboren? _____________________

2. Wat was Bahá'u'lláh's volledige naam? _______________________

3. In wat voor soort familie werd Bahá'u'lláh geboren? ____________

   ____

4. Op welke manier was Bahá'u'lláh bijzonder toen Hij een kind

   was? ____

   ____

5. Waar ligt de stad Teheran? Kijk op de kaart op blz.15 en zet er

   een kruisje bij.

RONDZWERVEN IN DE TUINEN

Een van de titels van Bahá'u'lláh is "de Nachtegaal van het Paradijs". Een nachtegaal is een vogel die prachtige melodieën zingt. Probeer deze tekening van een nachtegaal die in de tuin aan het zingen is heel mooi te kleuren!

BAHÁ'U'LLÁH: EEN BÁBÍ VANAF HET BEGIN

Lees het verhaal en beantwoord de vragen.

Toen de Báb Zijn zending verkondigde, aanvaardde Bahá'u'lláh Hem zonder aarzelen als een Boodschapper van God. Hij vertelde aan iedereen die Hij tegenkwam dat de Báb een Boodschapper van God was en dat zij in de Báb moesten geloven en Hem gaan dienen.

Bahá'u'lláh was erg moedig en openhartig over Zijn geloof. De moslimgeestelijken vreesden en verafschuwden de invloed van deze nieuwe religie en al snel richtten zij hun aanvallen op Bahá'u'lláh. Hij werd gevangen gezet in een donkere, smerige en gevaarlijke kerker die de "Zwarte Put" heette. Een heel zware keten werd om Zijn nek vastgemaakt. Hij werd vier maanden in deze verschrikkelijke gevangenis vastgehouden en toen verbannen naar Baghdad.

Vragen:

1. Hoe reageerde Bahá'u'lláh toen hij de Boodschap van de Báb hoorde? ____

____

2. Waarom onderging Bahá'u'lláh vervolging en ontbering?

____

____

3. Waar en hoe lang zat Bahá'u'lláh voor het eerst in de gevangenis?

____

DE ZWARTE PUT

De Zwarte Put (in Perzië bekend als de "Síyáh-<u>Ch</u>ál") was de afschuwelijkste gevangenis in Perzië. Het was er donker en smerig, vol met gevaarlijke misdadigers, ongedierte en ziekte. Bahá'u'lláh werd daar vier vreselijke maanden lang als geketende gevangene vastgehouden. Het lijden van die plaats bracht angst en verdriet in ieder begrijpend hart.

Maak de tekening van deze gevangenis af:

Gebed dat werd gezongen door de bábís die in de Síyáh-Chál gevangen zaten.

BAHÁ'U'LLÁH'S OPENBARING

Lees het verhaal en beantwoord de vragen.

Op een nacht in 1852, toen Hij in de "Zwarte Put" gevangen zat, had Bahá'u'lláh een schitterend visioen van een "Hemelse Jonkvrouw" die Hem vertelde dat Hij de Manifestatie van God was die door de Báb was aangekondigd. Haar woorden vloeiden als zuiver water over Hem heen en Zijn hart verheugde zich. Bahá'u'lláh vertelde deze bijzondere boodschap nog niet meteen aan andere mensen.

Later, in 1863, in een tuin net buiten Baghdad die "Ridván" heette (dat betekent "Paradijs"), verklaarde Bahá'u'lláh zich als Degene die door de Báb en door alle Profeten uit het verleden was aangekondigd. Bahá'u'lláh en Zijn volgelingen bleven 12 dagen in de tuin van Ridván, omringd door geurende rozen en ondergedompeld in Bahá'u'lláh's hemelse verzen. Elk jaar vieren bahá'ís deze periode van Bahá'u'lláh's Verklaring (21 april tot 2 mei) als het "Feest van Ridván".

Vragen:

1. Wie bracht de boodschap van Gods Openbaring naar Bahá'u'lláh in de "Zwarte Put"? ____

2. Wanneer en waar verkondigde Bahá'u'lláh openlijk Zijn Openbaring? ____

3. Hoe noemen wij de 12 dagen waarin Bahá'u'lláh Zijn Openbaring verkondigde? ____

DE TUIN VAN RIDVÁN

Als je deze tekening gaat kleuren, voeg er dan 9 mooie rozen
aan toe om Bahá'u'lláh te gedenken.

DE MANIFESTATIES VAN GOD

Bahá'u'lláh is de "Manifestatie van God" voor deze Dag.
Een "Manifestatie" is een speciale goddelijke Boodschapper
of Profeet die ongeveer eens in de 1000 jaar door God wordt
gezonden om de mensheid op te voeden en een geestelijke
beschaving voort te brengen. Vorige Manifestaties waren
onder andere Mozes, Krishna, Boeddha, Zoroaster, Jezus
Christus, Mohammed en de Báb.

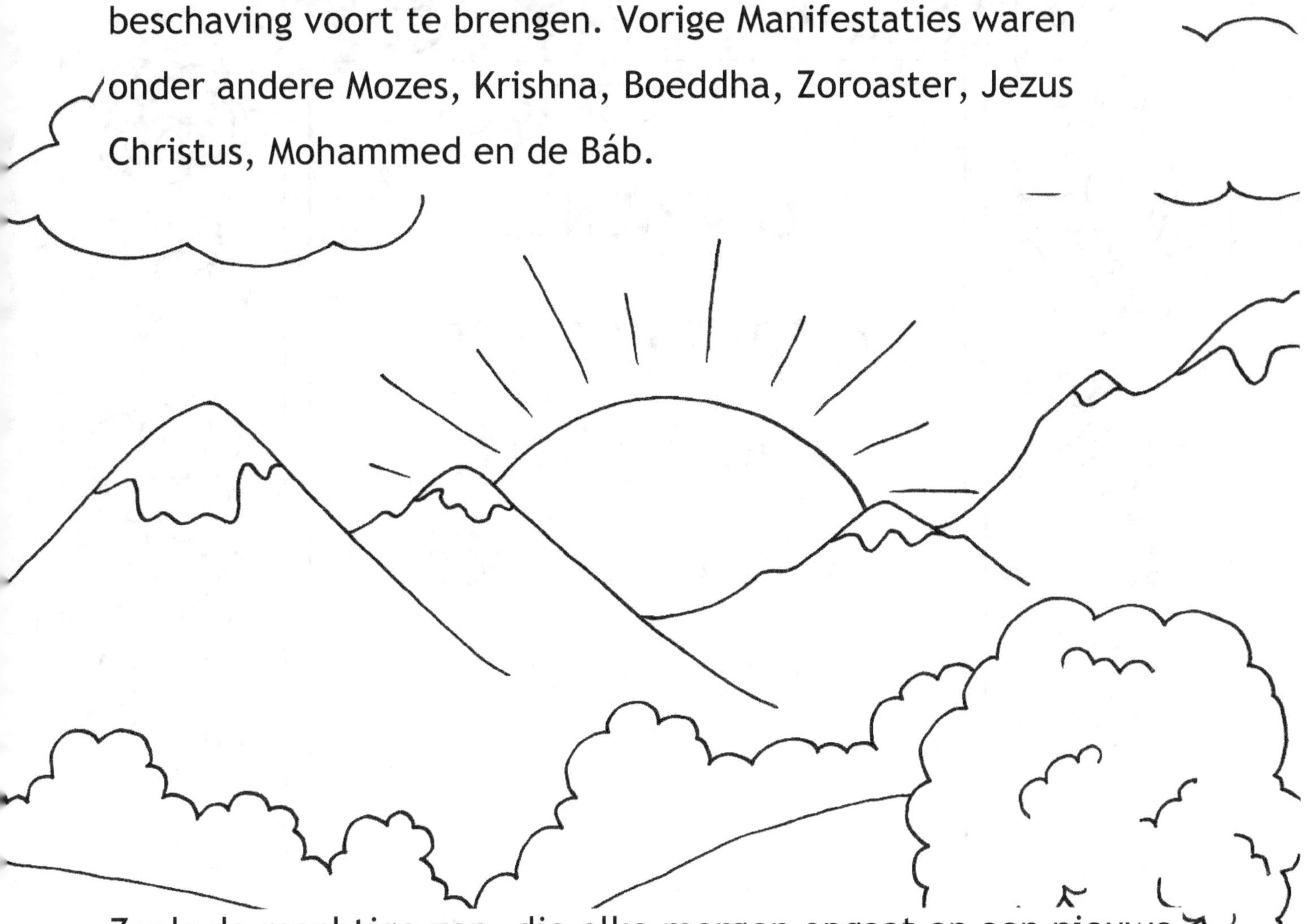

Zoals de machtige zon, die elke morgen opgaat en een nieuwe
dag brengt en voor nieuw leven op aarde zorgt, zo zijn de
Manifestaties de Zon van Waarheid, die boven de mensheid
oprijst, het licht en de warmte van geestelijk begrip over alle
mensen verspreidt en nieuw leven brengt aan de ziel van
mannen, vrouwen en kinderen.

O VRIEND!
Plant in de tuin
van uw hart
slechts de roos
der liefde.
Bahá'u'lláh

DE ROOS VAN DE LIEFDE

Ga het hart van de mensheid binnen en plant de roos van de liefde!

DE EENHEID VAN GOD EN ZIJN BOODSCHAPPERS

Bahá'u'lláh leert ons dat er één God is en dat alle grote Profeten en Boodschappers van Hem komen. God is als de zon die zijn schitterende Licht op alle mensen laat schijnen!

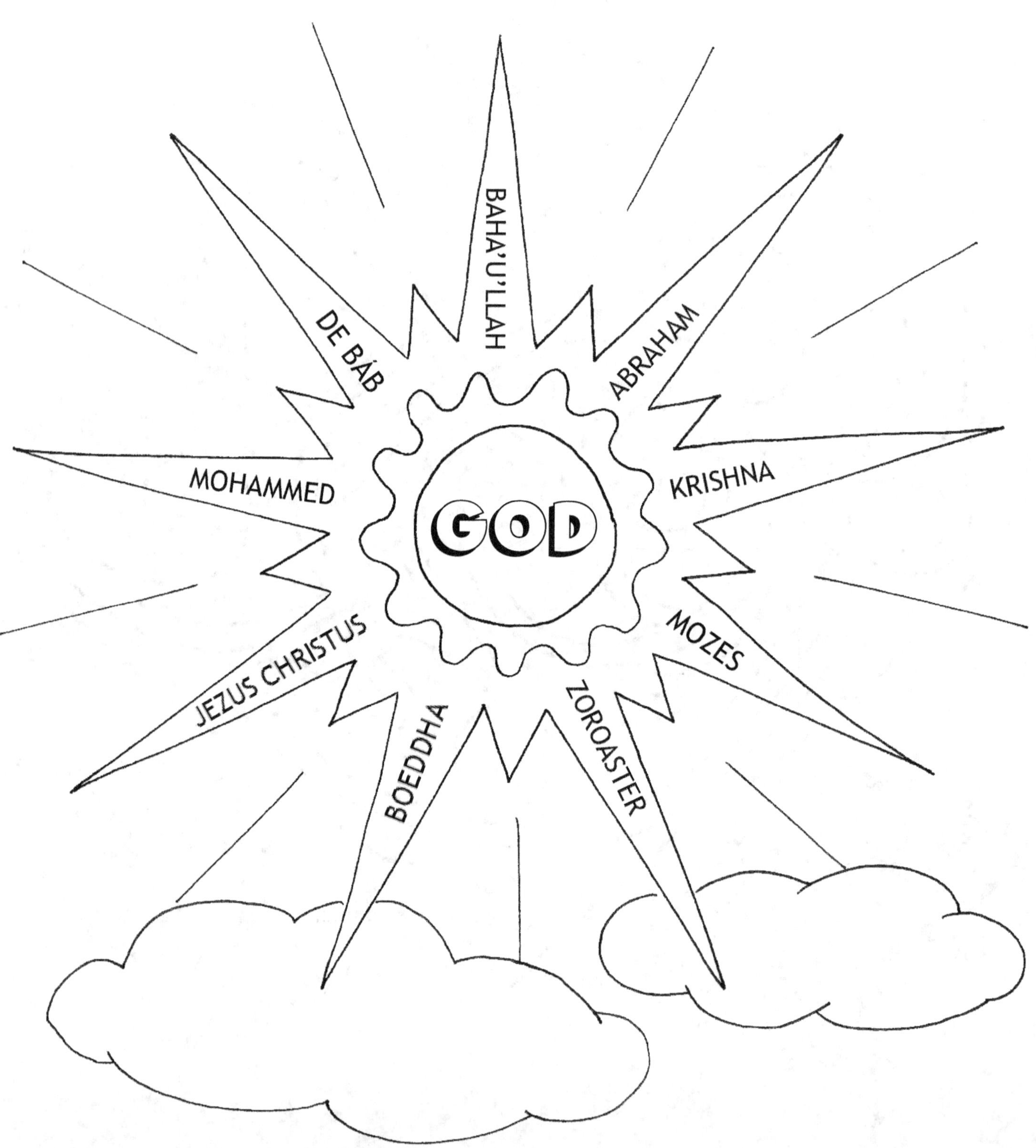

DE BOODSCHAPPERS VAN GOD

Hoeveel Manifestaties ken jij? Schrijf onder elk symbool de naam van
de goddelijke Boodschapper die erbij hoort:

DE RELIGIES IN DE WERELD

Het is goed om iets te weten over elke wereldreligie en respect te tonen voor deze religies. Probeer in de beschrijvingen van de verschillende religies de juiste antwoorden in te vullen. Je kunt steeds kiezen uit twee mogelijkheden.

Hindoeïsme

Het Hindoeïsme begon in het jaar ______________________
2000 v. Chr.   1000 v. Chr.

in het land ______________ toen ______________________
China   India   Zoroaster   Krishna

een nieuwe Goddelijke Cyclus verkondigde die werd

gekenmerkt door ______________________________________
innerlijke geestelijke discipline   uiterlijke vroomheid.

Jodendom

Het Jodendom begon in het jaar ______________________
1750 v. Chr.   1200 v. Chr.

in het land ______________ toen ______________
Mesopotamië   Myanmar   Jezus   Abraham

verkondigde dat ______________________
God Eén is   er vele Goden zijn

Toen verscheen ______________ die de wetten van God
Michael   Mozes

aan de mensen gaf om na te volgen.

Boeddhisme

Het Boeddhisme begon in het jaar ______________
528 v. Chr.   2000 v. Chr.

in het land ______________ toen ______________________
Nepal   China   Gautama Buddha   Lao Tse

de vernieuwing van religie verkondigde door

____
onthechting van de materiële werkelijkheid   gehechtheid aan roem en welvaart

Christendom

Het Christendom begon in het jaar _______________

in het land _______________ toen _______________

een nieuwe Dag van God verkondigde door

____

Islam

De Islam begon in het jaar _______________ in het

land _______________ toen _______________

een nieuwe Dag van God verkondigde door

____

Het Bahá'í-geloof

Het Bahá'í-geloof begon in het jaar _______________

toen _______________ een nieuwe Dag van God

verkondigde waarin de Beloofde van Alle Tijden,

Bahá'u'lláh, zou verschijnen en de hele mensheid zou

leiden naar _______________.

ANDERE RELIGIEUZE TRADITIES

Ken je ook nog andere geloofsgemeenschappen of spirituele tradities? Schrijf hun naam op in de linker kolom. Als je iets bijzonders weet over hun geestelijke leringen, schrijf dat dan ernaast in de rechterkolom.

Bv. Mormonen

Bv. Jehova's getuigen

TIJDLIJN VAN DE GESCHIEDENIS VAN DE RELIGIES

Schrijf de namen van de belangrijkste religies naast het jaar waarin ze ongeveer zijn begonnen.

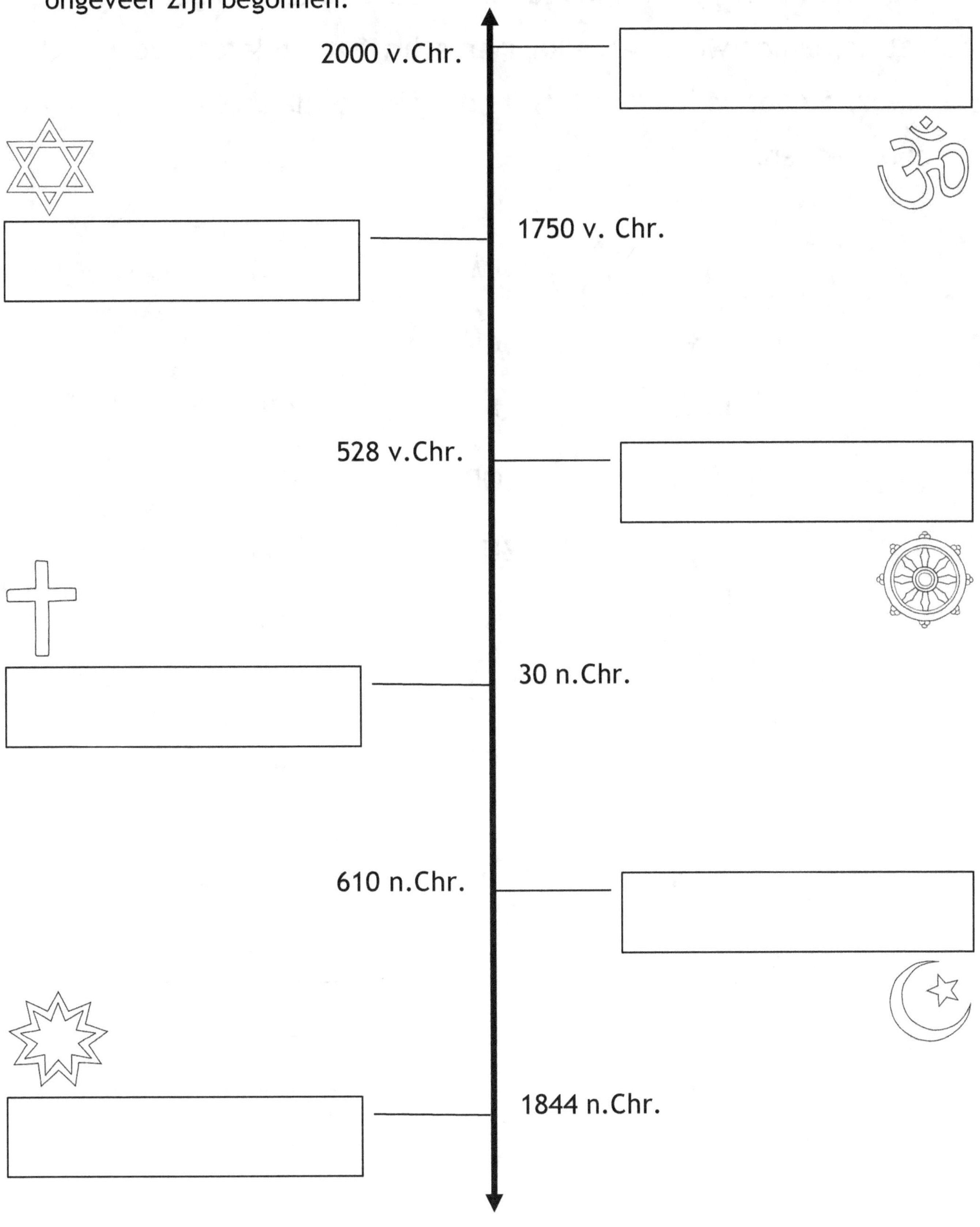

ONTCIJFER DE BOODSCHAPPERS

Hieronder staan de namen van goddelijke profeten en filosofen. Elke naam is in stukjes van 2 of 3 letters gebroken. Zet de namen weer aan elkaar en schrijf ze onderaan de bladzijde op. Je kunt de letters die je gebruikt hebt doorstrepen.

AB	AM	BAH
~~KRI~~	HAM	AUL
DHA	JE	MED
MOH	ZOR	BOED
MO	ZUS	OAS
RA	FUC	~~NA~~
~~SH~~	ZES	IUS
CON	TER	LAH

Namen van enkele goddelijke profeten en filosofen:

_____KRISHNA__________   _____________________

_____________________   _____________________

_____________________   _____________________

_____________________   _____________________

HET LIED VAN DE NACHTEGAAL

De Nachtegaal van het Paradijs zingt op de twijgen van
de Boom van Eeuwigheid! Gebruik de decodeersleutel
om zijn hemelse boodschap te ontdekken:

A	B	C	D	E	F	G	H	I	J	K	L	M
1	2	3	4	5	6	7	8	9	10	11	12	13
N	O	P	Q	R	S	T	U	V	W	X	Y	Z
14	15	16	17	18	19	20	21	22	23	24	25	26

__ __ __ __ __ __ __ ! __ __ __ __ __ __
23 5 5 19 2 12 25   23 1 14 20   4 5

__ __ __ __ __ __ __ __ __ __ __ __ __
2 5 12 15 15 6 4 5   4 1 7   22 1 14

__ __ __ __ __ __ __ __ __ __ __ __ !
7 15 4   9 19   7 5 11 15 13 5 14

DIT IS DE DAG VAN BAHÁ

DE EENHEID VAN DE MENSHEID

De eenheid van de mensheid is een van de belangrijkste
leringen van het Bahá´í-geloof.

> "Gij zijt de vruchten van één boom en de bladeren van één tak.
> Ga met elkaar om in de grootste liefde en eendracht, als
> vrienden en kameraden."
>
> *Bloemlezing uit de Geschriften van Bahá'u'lláh*, p. 171

Maak jouw eigen tekening van de eenheid van de mensheid, gebaseerd
op het citaat dat je net hebt gelezen.

EEN WERELD OMVATTENDE VISIE

Ontdek welk citaat hier staat en schrijf het op in de bogen boven en onder de aardbol. Je kunt deze tekening ook kleuren!

LAAT   OMVATTEN   TOT   DE WERELD   BEPERKT

UW BLIK   UW EIGEN IK.   IN PLAATS VAN   TE BLIJVEN

DRUPPELS VAN ÉÉN ZEE, BLADEREN VAN ÉÉN TAK

Vul de ontbrekende letters in maak dit citaat van Bahá'u'lláh af.

Probeer dan de bonuspuzzel onderaan de bladzijde!

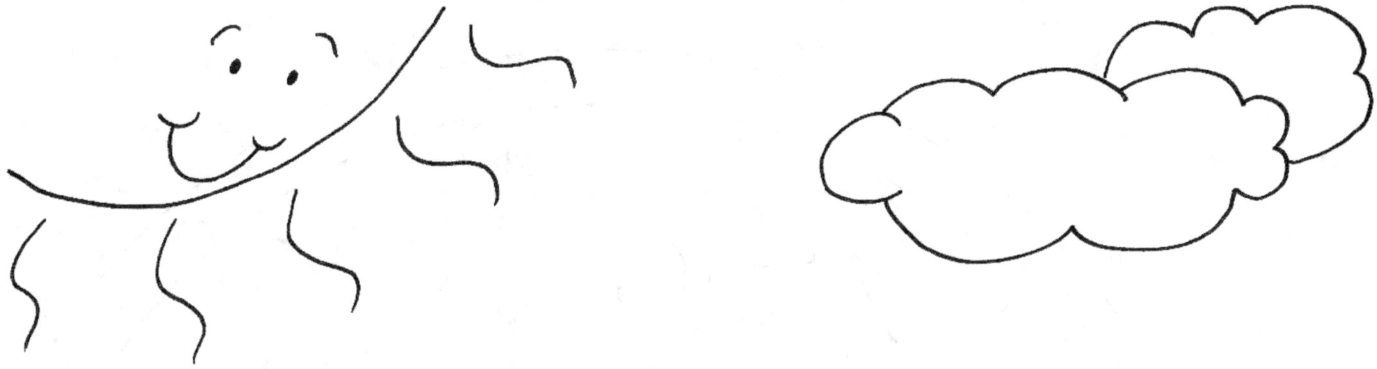

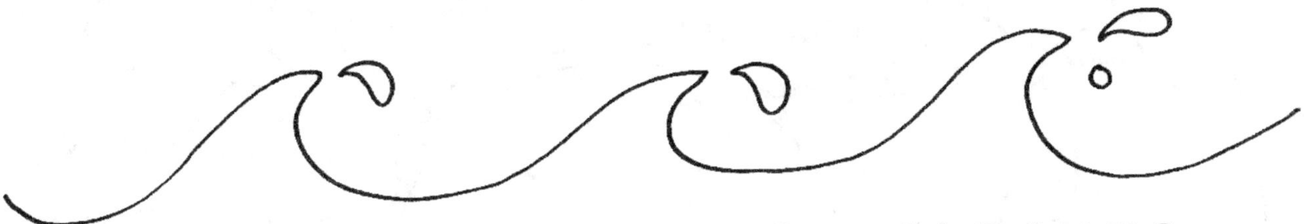

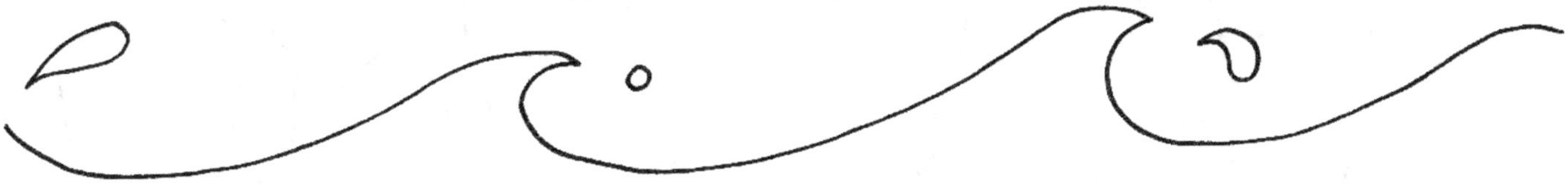

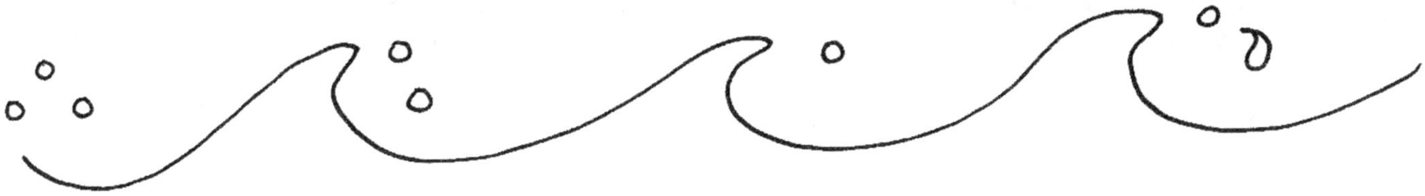

Bahá'u'lláh

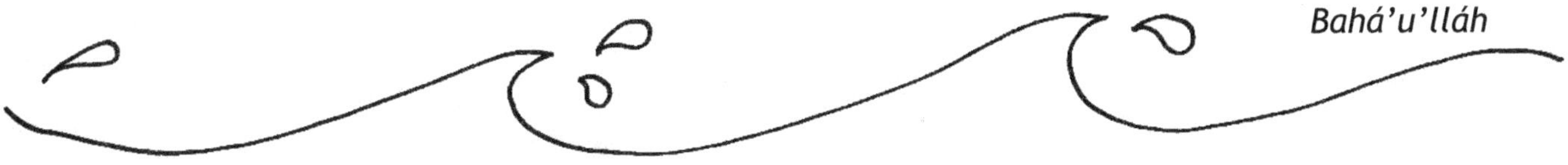

Bonus: Vul de ontbrekende letters in en ontdek een van de belangrijkste bahá'í-principes:

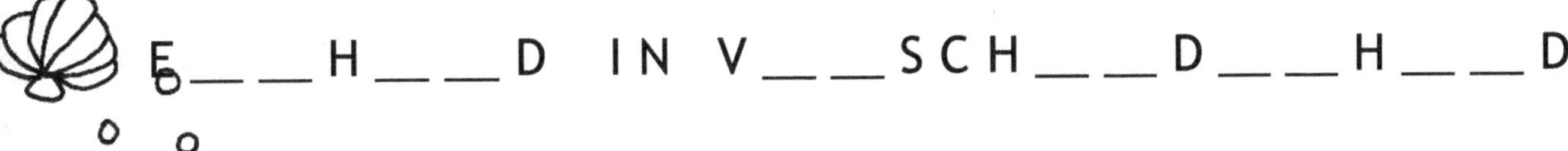

EENHEID

BAHÁ´Í-GELOOF

GELIJKWAARDIGHEID VAN VROUWEN & MANNEN

Bahá'u'lláh zegt dat mannen en vrouwen te vergelijken zijn met de vleugels van een vogel. Alleen met twee vleugels kan de vogel vliegen. Zo kan de mensheid ook alleen maar tot grote prestaties komen als vrouwen en mannen gelijkwaardig zijn!

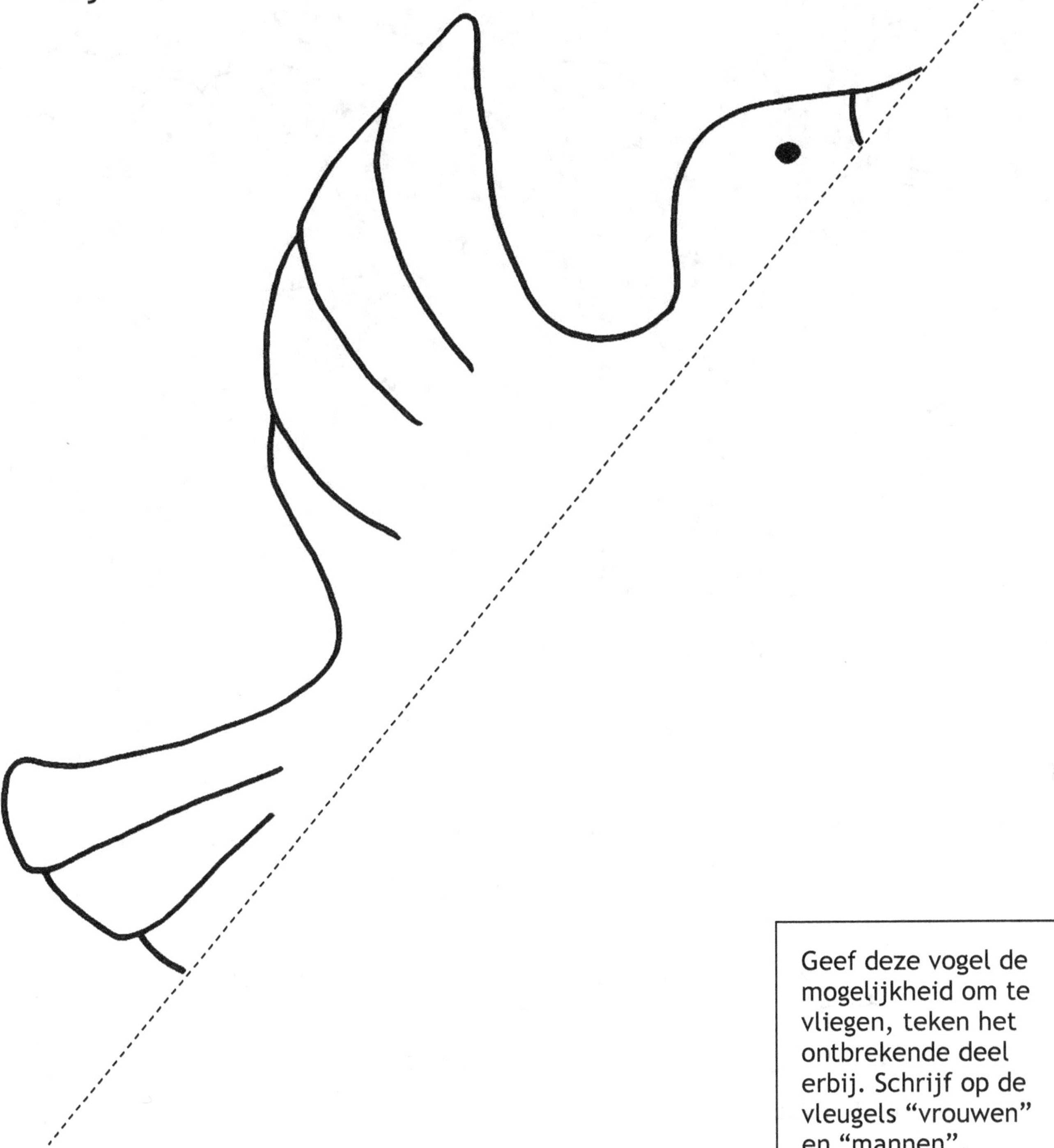

Geef deze vogel de mogelijkheid om te vliegen, teken het ontbrekende deel erbij. Schrijf op de vleugels "vrouwen" en "mannen".

DE TWEE VLEUGELS VAN DE MENSHEID

Zet de woorden in de juiste volgorde om het citaat te vormen.

Schrijf hier het complete citaat:

____

'Abdu'l-Bahá

VERBIND DEZELFDE ANTWOORDEN

Maak een verbinding tussen de jongens en meisjes die dezelfde

uitkomst van hun rekensom hebben.

HET GETAL NEGEN

De 9-puntige ster wordt vaak gebruikt als het symbool van het Bahá'í-geloof. Het getal negen is belangrijk voor de bahá'ís om verschillende redenen: het woord "Bahá" in het Arabisch heeft als numerieke waarde negen. Negen is ook het hoogste enkelvoudige getal en vertegenwoordigt daardoor de eigenschappen van "perfectie" en "eenheid".

Trek deze 9-puntige sterren over:

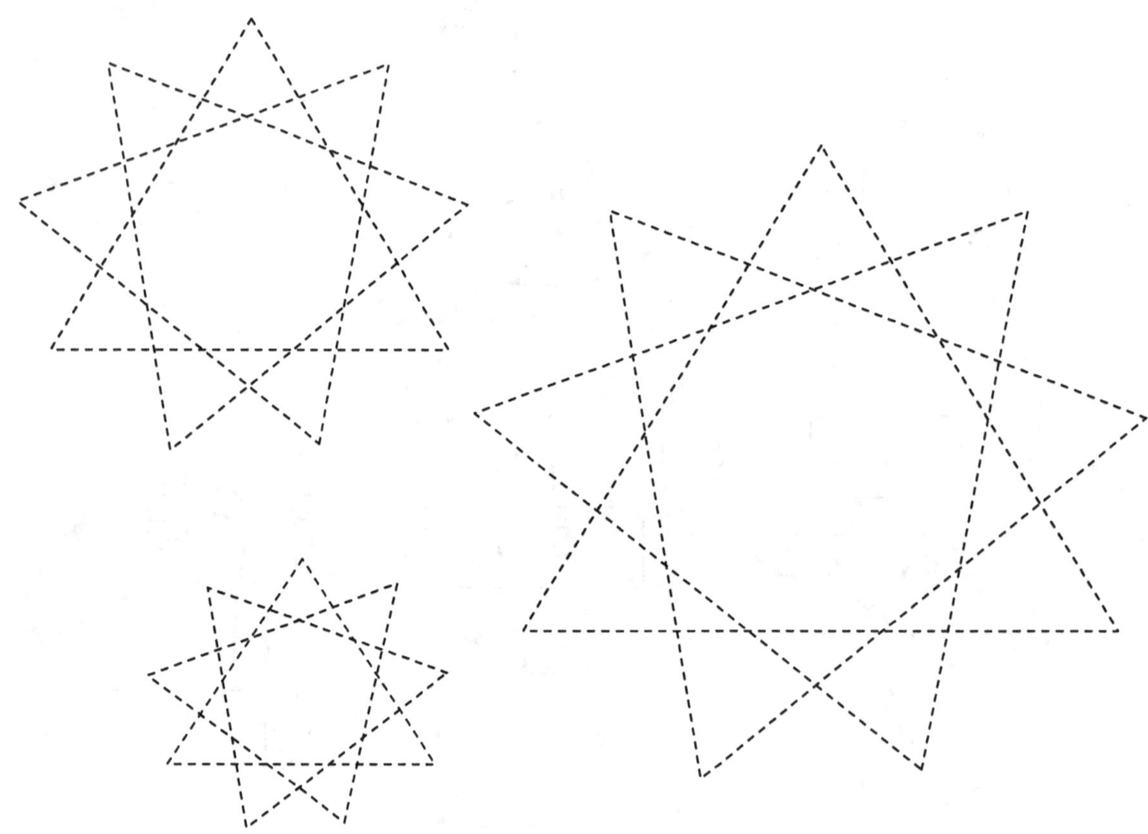

Waar wordt het getal 9 nog meer gebruikt in het Bahá'í-geloof?

- Bahá'í Huizen van Aanbidding hebben negen ingangen.
- Negen is het aantal gekozen leden in een Geestelijke Raad of van het Universele Huis van Gerechtigheid.

TITELS VAN BAHÁ'U'LLÁH

Bahá'u'lláh heeft vele prachtige titels die elk een aspect van Zijn Wezen onthullen. Kies drie namen uit de onderstaande lijst en maak daar een tekening over. Verbind elke tekening met de naam die zij vertegenwoordigt.

De Nachtegaal van het Paradijs

De Grootste Naam

de Pen van de Allerhoogste

De Verborgen Naam

De Welbewaarde Schat

De Zon van Waarheid

De Boom van Eeuwigheid

De Grote Aankondiging

Het Verlangen van de Naties

De Allergrootste Oceaan

Het Allergrootste Licht

BAHÁ'U'LLÁH'S VERBANNING

Lees het verhaal en beantwoord de vragen.

Nadat Bahá'u'lláh Zichzelf had geopenbaard als de Manifestatie van God voor deze Dag, werd hij geconfronteerd met verschrikkelijke vervolgingen door de regeringen van het Perzische en Ottomaanse Rijk en ook door de religieuze leiders en geestelijken.

Hij werd voortdurend verbannen: gedwongen om als een gevangene, met Zijn familie en een aantal gelovigen, van stad naar stad te trekken, vele jaren lang. Van Baghdad werd hij verbannen naar Constantinopel (tegenwoordig bekend als Istanbul); vandaar uit naar Adrianopel (tegenwoordig bekend als Edirne), en tenslotte naar de gevangenisstad Akká, waar Hij de rest van Zijn leven verbleef. In 1892, na 40 jaar van lijden en vervolging, overleed Bahá'u'lláh en ging over van deze wereld naar de rijken hierboven.

Vragen:

1. Wie vervolgden Bahá'u'lláh? _______________________________

   ____

2. In welke 4 grote steden verbleef Bahá'u'lláh tijdens Zijn verbanning? _____________________, _____________________,

   _____________________, _____________________,

3. In welk jaar overleed Bahá'u'lláh? _____________________

4. Wetende dat Hij in 1817 geboren is, hoe oud is Hij dan geworden?

   ____

KAART VAN DE VERBANNING VAN BAHÁ'U'LLÁH

Bahá'u'lláh werd gedwongen om meer dan 40 jaar in ballingschap te leven. Bekijk de kaart hieronder en beantwoord de vragen.

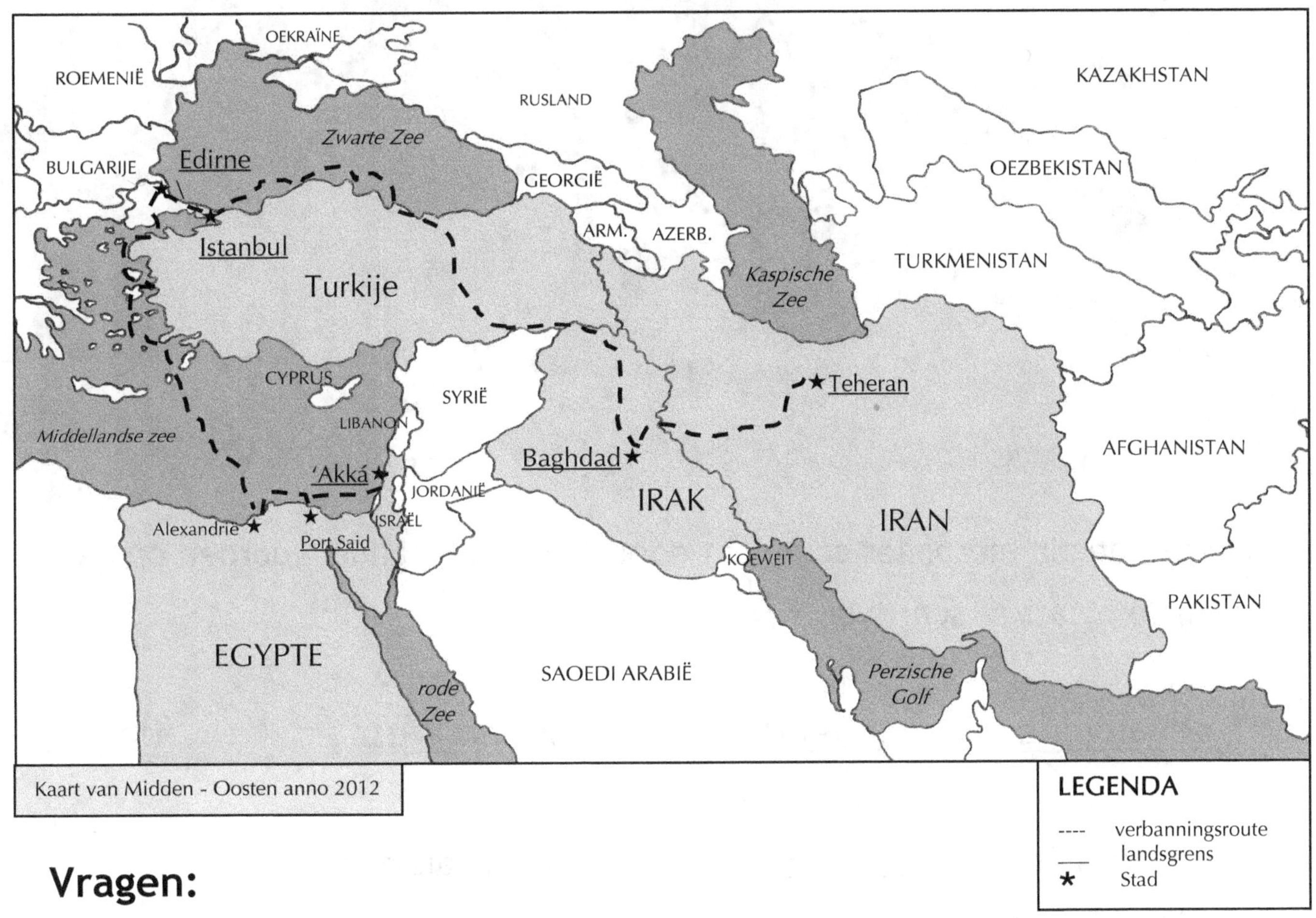

Vragen:

1. De kaart hierboven laat de landen zien van het huidige Midden Oosten. In de tijd van Bahá'u'lláh was de gehele regio verdeeld in twee Rijken:

   Het ___________________ Rijk en het ___________________ Rijk.

2. Waar begon de verbanning van Bahá'u'lláh? ___________________

3. Naar hoeveel grote steden werd Bahá'u'lláh verbannen? ___________

4. Waar werd Bahá'u'lláh na Bagdad naartoe verbannen? ___________

5. Welke twee zeeën moesten de bannelingen over varen?

   ___________________, ___________________

6. Hoe heette deze twee steden in de tijd van Bahá'u'lláh?

   Istanbul: ___________________ Edirne: ___________________

DE GEVANGENIS IN AKKÁ

Maak de zin hieronder compleet door de onderstaande woorden op de juiste plaats te schrijven.

gevangene   **leed**   **Oost en West**   **liefde**

"Bahá'u'lláh _______________ veertig jaar lang als een _______________ en een banneling opdat het Koninkrijk van _______________ in _______________ gevestigd zou mogen worden."

Promulgation of Universal Peace, p. 6

Maak nu het onderstaande citaat van Bahá'u'lláh af:

bevrijden   **glorie**   **gevangen**   **vernedering**

"Mijn lichaam werd _______________ genomen om u te _______________ en Wij hebben _______________ aanvaard omwille van uw _______________."

Bahá'í Scriptures, p. 100

HET DOEL VAN BAHÁ'U'LLÁH'S LIJDEN

Gedurende lange jaren vol lijden offerde Bahá'u'lláh Zijn comfort, Zijn gemak en Zijn rijkdom op om het mensenras te onderwijzen over de eenheid van God en Zijn Bedoeling voor dit Tijdperk, en om hen naar de weg van vrede, rechtvaardigheid en rust te leiden.

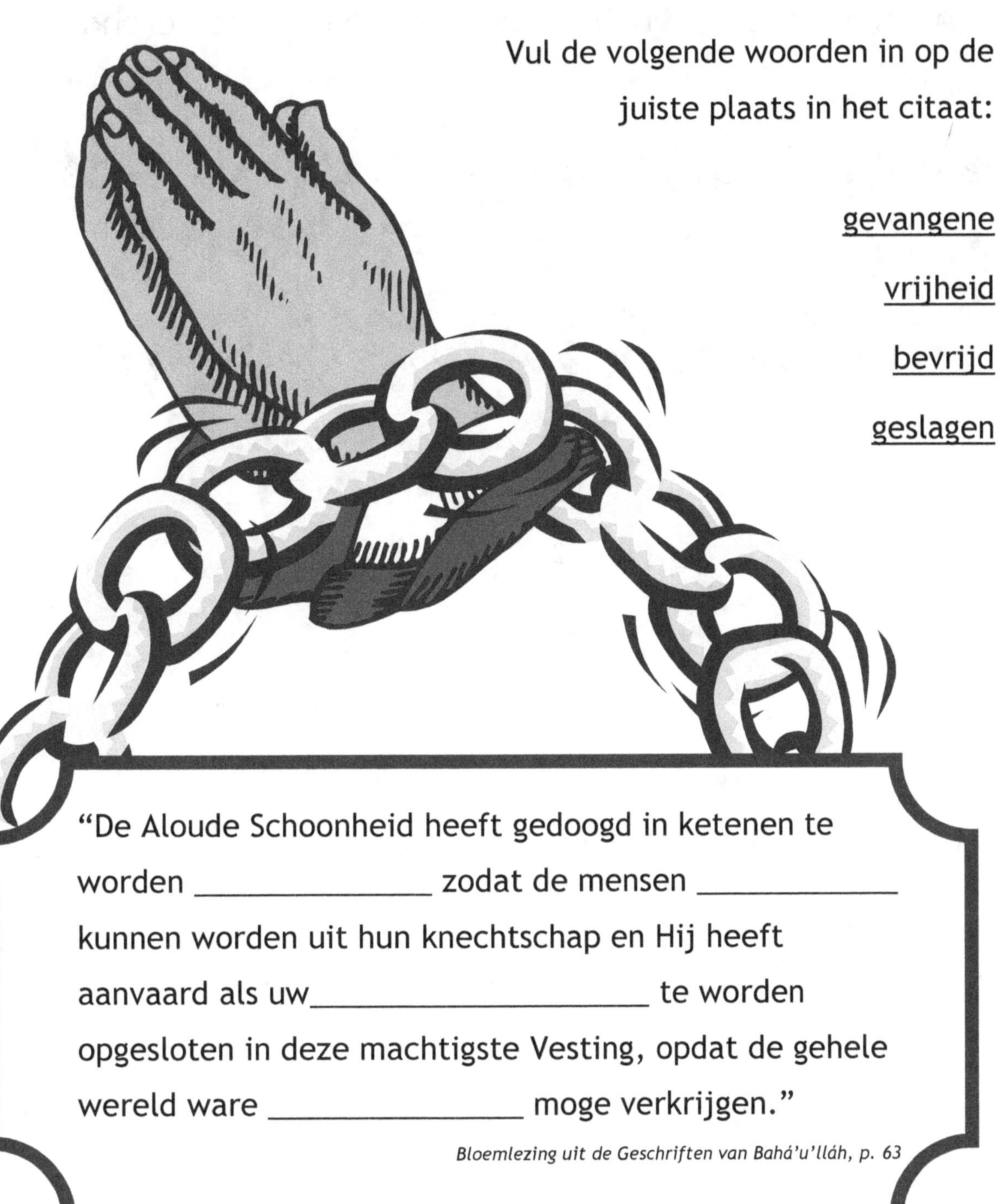

Vul de volgende woorden in op de juiste plaats in het citaat:

gevangene

vrijheid

bevrijd

geslagen

"De Aloude Schoonheid heeft gedoogd in ketenen te worden _______________ zodat de mensen _____________ kunnen worden uit hun knechtschap en Hij heeft aanvaard als uw_________________________ te worden opgesloten in deze machtigste Vesting, opdat de gehele wereld ware _________________ moge verkrijgen."

Bloemlezing uit de Geschriften van Bahá'u'lláh, p. 63

AAN BAHÁ'U'LLÁH'S DOEL BEANTWOORDEN

Om aan Bahá'u'lláh's doel op aarde te beantwoorden, moeten we nu opstaan en Zijn boodschap van vrede verkondigen aan alle naties op de hele wereld.

Schrijf het citaat van Bahá'u'lláh over op de lijnen eronder.

Verheft u voor de triomf van Mijn Zaak

en wint door de kracht van uw woorden

het hart der mensen.

Bloemlezing uit de Geschriften van Baha'u'llah, p. 59

Wat betekent "verheft u"? _______________________________

Wat betekent hier "wint"? _______________________________

____

____

DE ROEP DIE OVER DE HELE WERELD KLINKT

Uit het oosten en het westen, vanuit het noorden en zuiden, laten bahá'ís over de hele wereld deze roep klinken, met overtuiging, moed en vreugde!

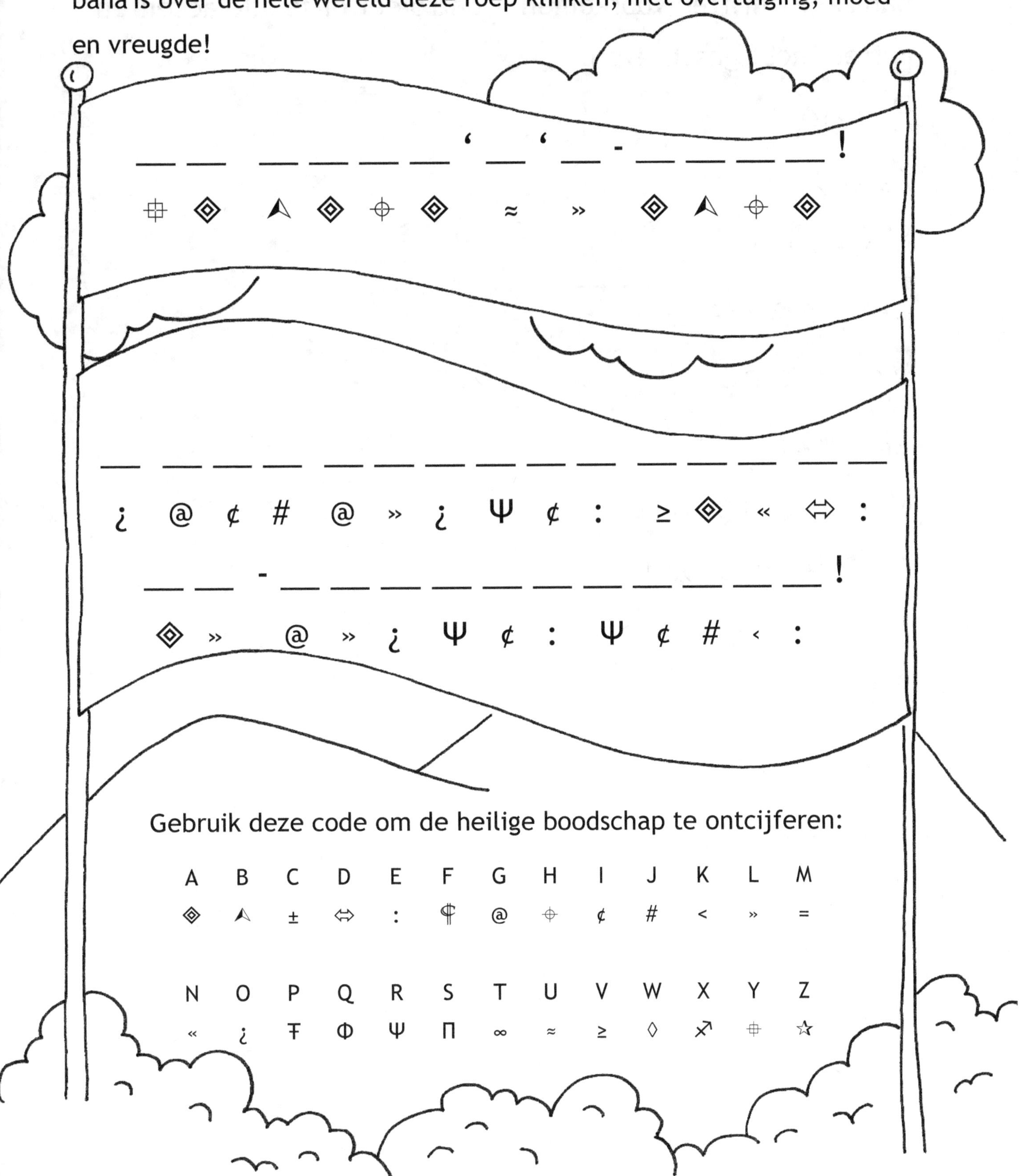

Gebruik deze code om de heilige boodschap te ontcijferen:

A	B	C	D	E	F	G	H	I	J	K	L	M
◈	▲	±	⇔	:	₣	@	⊕	¢	#	<	»	=

N	O	P	Q	R	S	T	U	V	W	X	Y	Z
«	¿	Ŧ	Φ	Ψ	Π	∞	≈	≥	◊	↗	⊞	☆

SCHRIJFOEFENING

Oefen het schrijven van deze namen en woorden die in de bahá'í-geschriften voorkomen. Controleer of je alle accenten correct hebt geschreven.

Perzië

Perzië

Verklaring

Verklaring

Vervolging

Vervolging

Martelaarschap

Martelaarschap

Síyáh-Chál

Síyáh-Chál

Verbanning

Verbanning

Ridván

Ridván

'Akká

'Akká

DE GESCHIEDENIS VAN BAHÁ'U'LLÁH PUZZEL

Beantwoord de onderstaande vragen om de puzzel te maken:

Horizontaal

6. In welke gevangenis werd Bahá'u'lláh geketend? _______________________

7. Maak deze titel van Bahá'u'lláh compleet: "_______________ van de Naties"

8. In welke stad werd Bahá'u'lláh geboren? _______________________

9. Maak deze titel van Bahá'u'lláh compleet: "_______________ van het Paradijs".

Verticaal

1. Bahá'u'lláh is de meest recente "_______________ van God".

2. Bahá'u'lláh werd in ketenen geslagen om de mensheid van haar

_______________ te bevrijden.

3. In welke tuin verkondigde Bahá'u'lláh Zijn Zaak voor het eerst in het openbaar?

4. Wat was Bahá'u'lláh's volledige naam? _______________________

5. Maak deze titel van Bahá'u'lláh compleet: "_______________ van de Hoogste".

HET VERBOND

Een 'verbond' is een belofte of een overeenkomst. God heeft een eeuwigdurend Verbond met de mensheid gesloten dat hij voor onze geestelijke opvoeding zal zorgen door ons Goddelijke Manifestaties te zenden. En zo sluit ook elke Manifestatie Zijn eigen unieke verbond met Zijn volgelingen.

Hier is een symbool dat bahá'ís helpt om een voorstelling van het Verbond te maken:

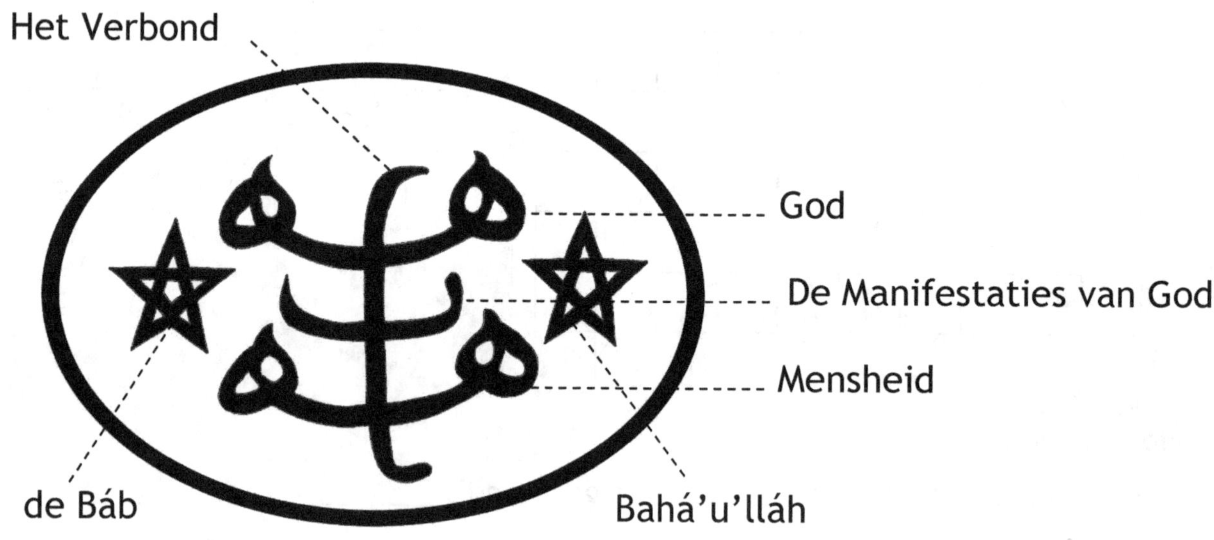

Dit symbool wordt 'de Grootste Naam' genoemd. Elk deel van het symbool betekent iets bijzonders. Op de volgende bladzijde staat een afbeelding van de Grootste Naam die je ergens op een speciaal plekje in je huis kunt ophangen.

HET MIDDELPUNT VAN HET VERBOND

Bahá'u'lláh – de Boodschapper van God voor deze tijd – heeft met Zijn volgelingen een Verbond gesloten. Hij benoemde 'Abdu'l-Bahá als Zijn opvolger en als de uitlegger van Zijn Woord, en vroeg van alle bahá'ís dat zij zich tot hem zouden wenden voor leiding. 'Abdu'l-Bahá is het 'Middelpunt van het Verbond' en door het volgen van zijn voorbeeld wordt de eenheid van het Bahá'í-geloof beschermd.

'ABDU'L-BAHÁ'S KINDERTIJD EN JEUGDJAREN

Lees het verhaal en beantwoord de vragen.

'Abdu'l-Bahá, de oudste zoon van Bahá'u'lláh, werd in Teheran geboren op 23 mei 1844: precies de nacht waarin de Báb in Shíráz Zijn Openbaring verkondigde!

Hij was nog maar 9 jaar oud toen Bahá'u'lláh in de 'Zwarte Put' in Teheran werd gegooid.
Van jongs af aan deelde hij de verbanningen, ontberingen en het lijden van zijn vader.

Zijn liefde voor Bahá'u'lláh – als de Boodschapper van God en als zijn vader – was zo groot dat 'Abdu'l-Bahá alles opofferde om Hem zijn hele leven lang dag en nacht te dienen.
'Abdu'l-Bahá betekent 'Dienaar van Bahá'.

Vragen:

1. Wanneer werd 'Abdu'l-Bahá geboren? _______________________

2. Wat is er bijzonder aan de nacht waarin 'Abdu'l-Bahá werd geboren? _______________________

3. Wat deelde 'Abdu'l-Bahá met zijn vader? _______________________

   ____

4. Wat betekent 'Abdu'l-Bahá? _______________________

'ABDU'L-BAHÁ IN AKKÁ

Lees het verhaal en beantwoord de vragen.

'Abdu'l-Bahá hield van de armen en behandelde hen met grote vriendelijkheid. Tijdens zijn jaren in Akká ging 'Abdu'l-Bahá er elke dag op uit om de arme mensen in de stad te begroeten en ieder van hen een geldstuk, een deken of wat eten te geven.

'Abdu'l-Bahá's vriendelijkheid veroverde vele harten. Ook die van de gezagsdragers die, op zijn verzoek, het tenslotte goed vonden dat Bahá'u'lláh de benauwde stad verliet en op het platteland ging wonen, waar Hij nog wel huisarrest had. 'Abdu'l-Bahá verhuisde zelf later naar Haifa, waar hij woonde tot aan zijn dood in 1921.

Vragen:

1. Hoe was 'Abdu'l-Bahá's houding tegenover de arme mensen?

   ____

2. Op welke manier had het goede karakter van 'Abdu'l-Bahá een positieve invloed op de omstandigheden van Bahá'u'lláh's gevangenschap? ____

3. Wat betekent 'huisarrest'? _______________________________

'ABDU'L-BAHÁ'S REIZEN NAAR EUROPA

Toen 'Abdu'l-Bahá eindelijk geen gevangene meer was, begon hij aan een serie reizen om het Geloof van Bahá'u'lláh naar het Westen te brengen. Hij maakte twee reizen naar Europa. De eerste tussen augustus en december in 1911 en later nog een keer van december 1912 tot juni 1913.

De plaatsen die 'Abdu'l-Bahá heeft bezocht zijn op de kaart met een punt aangegeven. Kleur de landen waar hij verbleef en schrijf de namen hier op:

____

______________________________   ______________________________

______________________________   ______________________________

______________________________   ______________________________

'ABDU'L-BAHÁ'S REIZEN NAAR AMERIKA

Tussen april en december 1912, op de leeftijd van 68 jaar, reisde 'Abdu'l-Bahá door Noord-Amerika naar meer dan 40 steden. Hij hield daar toespraken over geestelijke zaken voor geïnteresseerd publiek en verkondigde het Geloof van Bahá'u'lláh.

Hieronder staat een lijst van staten die 'Abdu'l-Bahá heeft bezocht. Kleur op de kaart de staat en provincies waar hij is geweest:

New York	Maine
Illinois	Minnesota
Ohio	Nebraska
Pennsylvania	Colorado
Massachusetts (MA)	Utah
New Jersey	California
New Hampshire (NH)	Quebec, Canada

'ABDU'L-BAHÁ KRUISWOORDPUZZEL

Beantwoord de vragen om de kruiswoordpuzzel te maken:

Horizontaal

1. 'Abdu'l-Bahá was Bahá'u'lláh's gemachtigde ____________.

3. 'Abdu'l-Bahá betekent "____________" van Bahá.

5. 'Abdu'l-Bahá was nog maar ____________ jaar oud toen Bahá'u'lláh in de Zwarte Put werd geworpen.

6. Net als zijn Vader, was 'Abdu'l-Bahá het grootste deel van zijn leven een ____________.

Verticaal

2. Bahá'u'lláh benoemde 'Abdu'l-Bahá als het Middelpunt van het ____________.

4. 'Abdu'l-Bahá reisde naar Europa en naar Noord- ____________ om over het Geloof van Bahá'u'lláh te vertellen.

DE GETROUWE FAMILIELEDEN VAN BAHÁ'U'LLÁH

Bekijk de stamboom van Bahá'u'lláh en beantwoord de vragen.

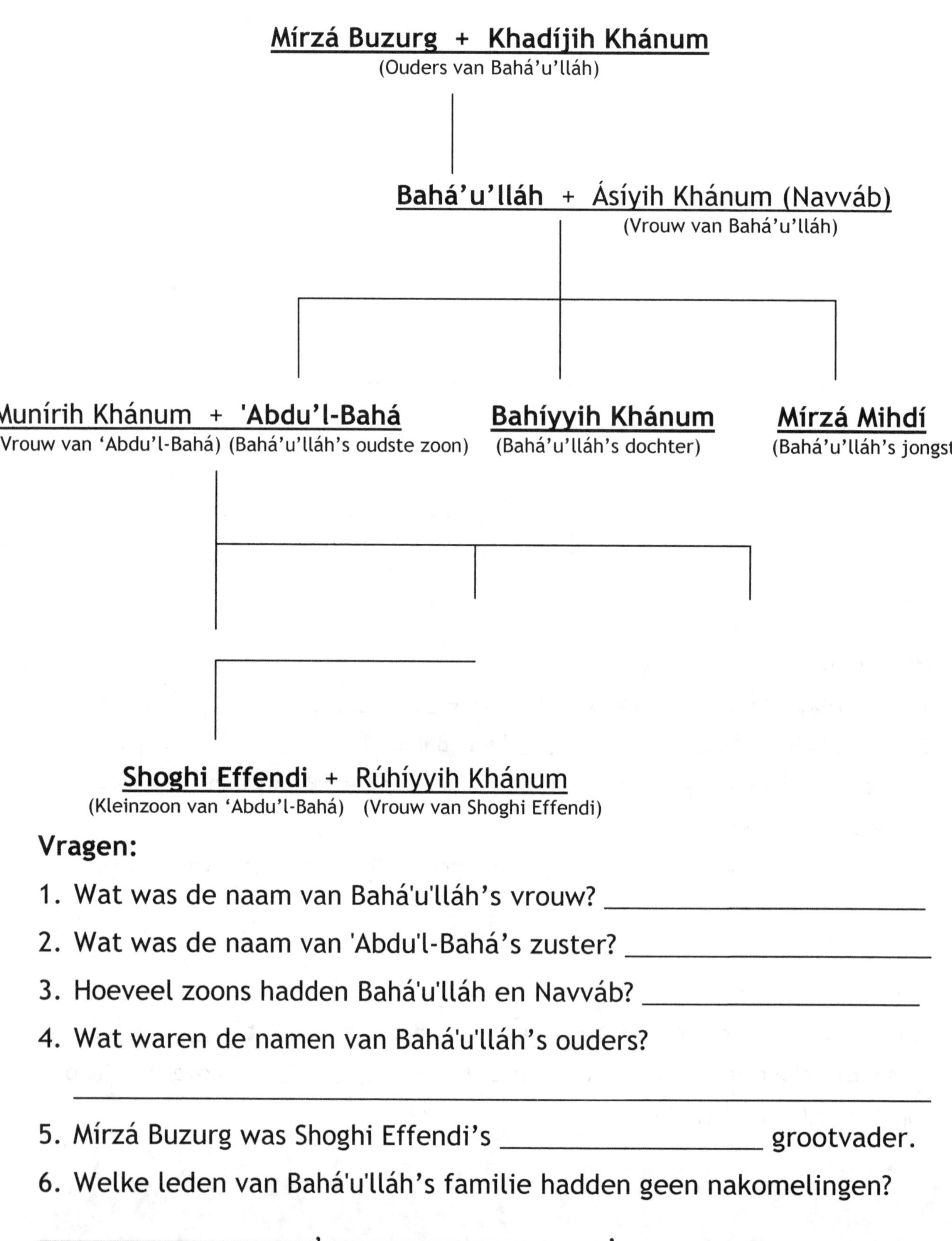

Vragen:

1. Wat was de naam van Bahá'u'lláh's vrouw? _______________________

2. Wat was de naam van 'Abdu'l-Bahá's zuster? _______________________

3. Hoeveel zoons hadden Bahá'u'lláh en Navváb? _______________________

4. Wat waren de namen van Bahá'u'lláh's ouders?

____

5. Mírzá Buzurg was Shoghi Effendi's _______________________ grootvader.

6. Welke leden van Bahá'u'lláh's familie hadden geen nakomelingen?

_______________________, _______________________, _______________________

DE VROUWEN VAN DE HEILIGE FAMILIE

De vrouwen van Bahá'u'lláh's familie hebben in alle jaren van vervolging en verbanning veel ontberingen gekend. Zij offerden alle gemakken op, werkten dag en nacht om het huishouden gaande te houden en de gasten van Bahá'u'lláh te verzorgen. En zij ondersteunden het leiderschap van de Zaak – vooral in de tijd van de Behoeder.

Navváb
"Het Meest Verheven Blad"

Vrouw van Bahá'u'lláh

Bahíyyih Khánum
"Het Grootste Heilige Blad"

Zuster van 'Abdu'l-Bahá

Munírih Khánum
"De Heilige Moeder"

Vrouw van 'Abdu'l-Bahá

Rúhíyyih Khánum
"Hand van de Zaak van God"

Vrouw van Shoghi Effendi

Door hun standvastigheid hebben deze heldinnen een speciale plaats in de geschiedenis van het Geloof verdiend. Maak jezelf vertrouwd met hun namen en de speciale titels die zij hebben gekregen.

BLADEREN EN TAKKEN VAN DE HEILIGE BOOM

Bahá'u'lláh werd soms de "Goddelijke Lotusboom" genoemd en de
mannen en vrouwen van de Heilige Familie waren te vergelijken met
de <u>takken</u> en <u>bladeren</u> van deze Boom.

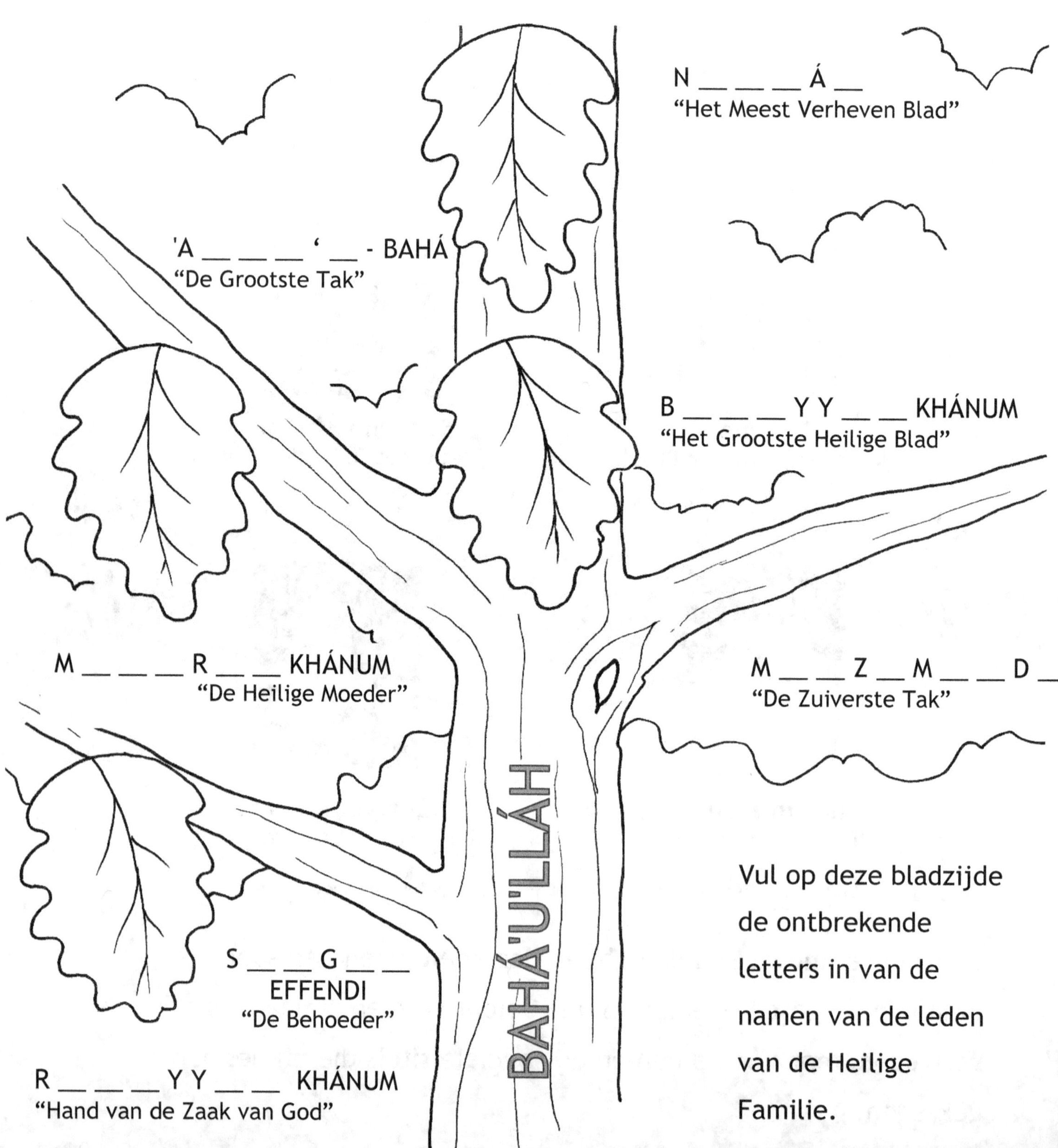

Vul op deze bladzijde
de ontbrekende
letters in van de
namen van de leden
van de Heilige
Familie.

MIJN STAMBOOM

Wie behoren tot jouw familie? Maak hier je eigen stamboom:

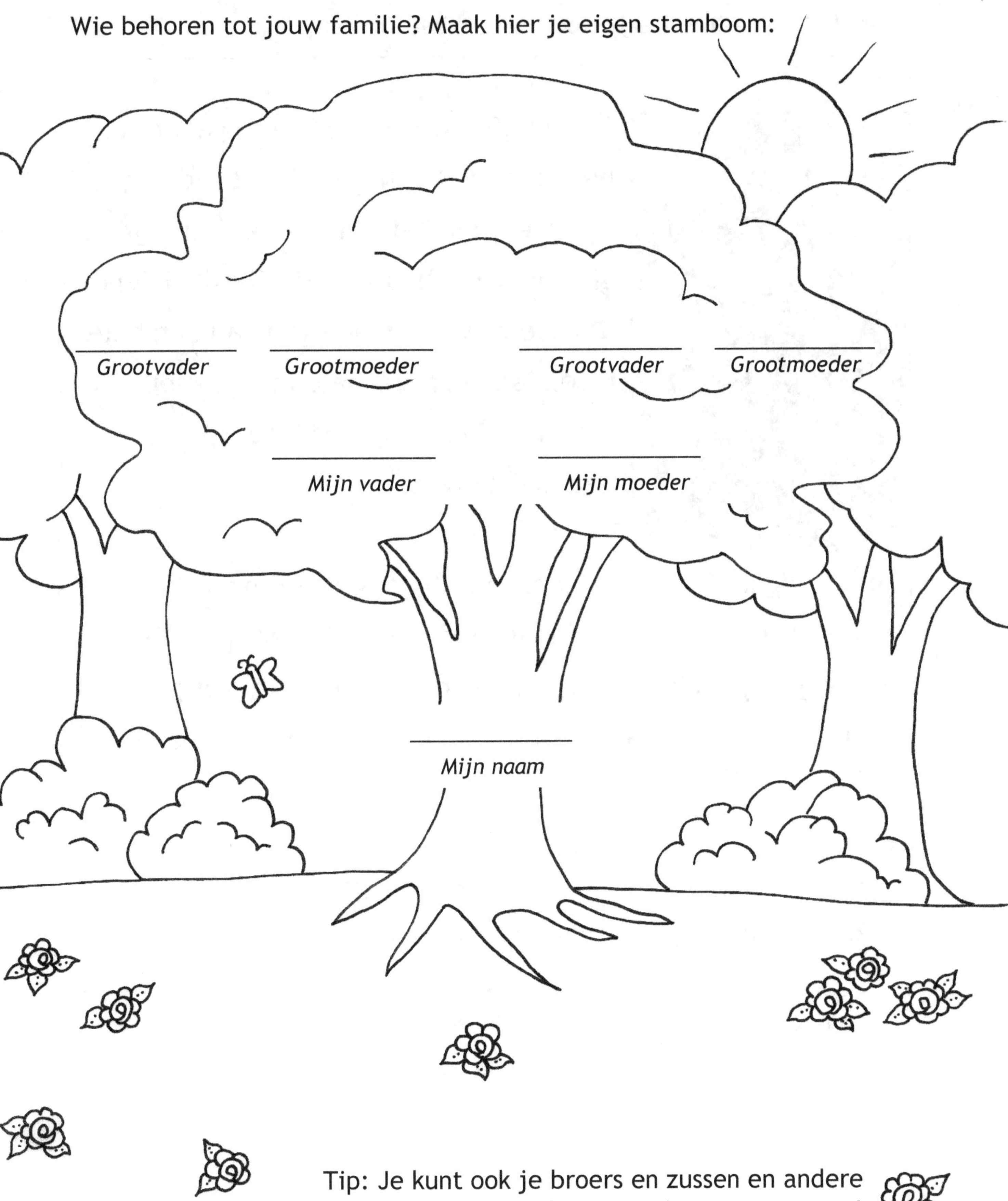

Tip: Je kunt ook je broers en zussen en andere
familieleden aan jouw stamboom toevoegen!

SHOGHI EFFENDI'S JEUGD

Lees het verhaal en beantwoord daarna de vragen.

Shoghi Effendi Rabbani werd geboren in het jaar 1897 in het Heilige Land. Hij groeide op in het huishouden van zijn grootvader 'Abdu'l-Bahá. Shoghi Effendi aanbad zijn grootvader en had zijn hele leven lang een speciale relatie met hem. Als kind hield Shoghi Effendi van gebeden zingen.

Toen Shoghi Effendi een jongeman was, ging hij naar de universiteit van Oxford in Engeland om te studeren. In 1921, toen hij nog student was, ontving hij het verschrikkelijke nieuws dat 'Abdu'l-Bahá gestorven was in zijn huis in Haifa.

Vragen:

1. Wie was de grootvader van Shoghi Effendi? ______________________
2. Wat vond Shoghi Effendi leuk om te doen toen hij een kind was?

   ____
3. Waar ging Shoghi Effendi studeren?___________________________
4. Waar en in welk jaar ging 'Abdu'l-Bahá dood?__________________

SHOGHI EFFENDI: DE BEHOEDER

Lees het verhaal en beantwoord daarna de vragen.

Shoghi Effendi schrok vreselijk toen hij hoorde dat 'Abdu'l-Bahá hem in zijn testament had aangesteld tot Behoeder van het Bahá'í-geloof.

Hij was nog maar 24 jaar en diep bedroefd over de dood van zijn grootvader. Daarom trok Shoghi Effendi zich terug in de bergen van Zwitserland en bleef daar meer dan een jaar, om kracht op te doen en te bidden om hulp van God opdat hij zijn heilige taak als Behoeder zou kunnen vervullen.

Vragen:

1. Wat is een testament? _______________________________________

2. Hoe oud was Shoghi Effendi toen hij "Behoeder van het Bahá'í-geloof werd? _______________________________________

3. Waar trok Shoghi Effendi zich meer dan een jaar terug? _________
   ____

4. Waarom ging de Behoeder een tijdlang weg?___________________
   ____

HET WERK VAN DE BEHOEDER

Tijdens zijn jaren als Behoeder behaalde Shoghi Effendi onvoorstelbare overwinningen voor het Bahá'í-geloof:

- Hij <u>redde de heilige plaatsen van het bahá'í-geloof</u> uit de handen van vijanden van het Geloof;

- Hij <u>bouwde de koepel</u> over de Graftombe van de Báb;

- Hij <u>legde de tuinen aan</u> op de berg Karmel en in Bahjí;

- Hij <u>moedigde systematisch onderricht</u> van het Geloof aan in alle delen van de wereld;

- Hij leerde bahá'í-gemeenschappen hoe ze <u>Plaatselijke en Nationale Geestelijke Raden konden kiezen en versterken;</u>

- Hij <u>maakte gezaghebbende vertalingen</u> van belangrijke Bahá'í-geschriften;

- Hij bouwde <u>het archiefgebouw;</u>

- Hij <u>waarborgde de eenheid van het bahá'í-geloof.</u>

DE BEHOEDER PUZZEL

Beantwoord de vragen om de puzzel te maken:

Horizontaal

1. Na de dood van 'Abdu'l-Bahá werd Shoghi Effendi tot _______________ van het Bahá'í-geloof benoemd.
4. De Behoeder legde _______________ aan rond de Heilige Plaatsen.
5. De Behoeder bouwde een gouden _______________ over de Graftombe van de Báb
6. Shoghi Effendi was de kleinzoon van _______________.

Verticaal

2. Hij leerde de bahá'ís hoe ze Plaatselijke en Nationale _______________ konden oprichten.
3. De Behoeder waarborgde de _______________ van het Bahá'í-geloof.

ZOEK DE NAMEN BIJ ELKAAR

Deze naamkaartjes zijn door elkaar gehutseld! Help met uitzoeken en leg de goede helften weer aan elkaar.

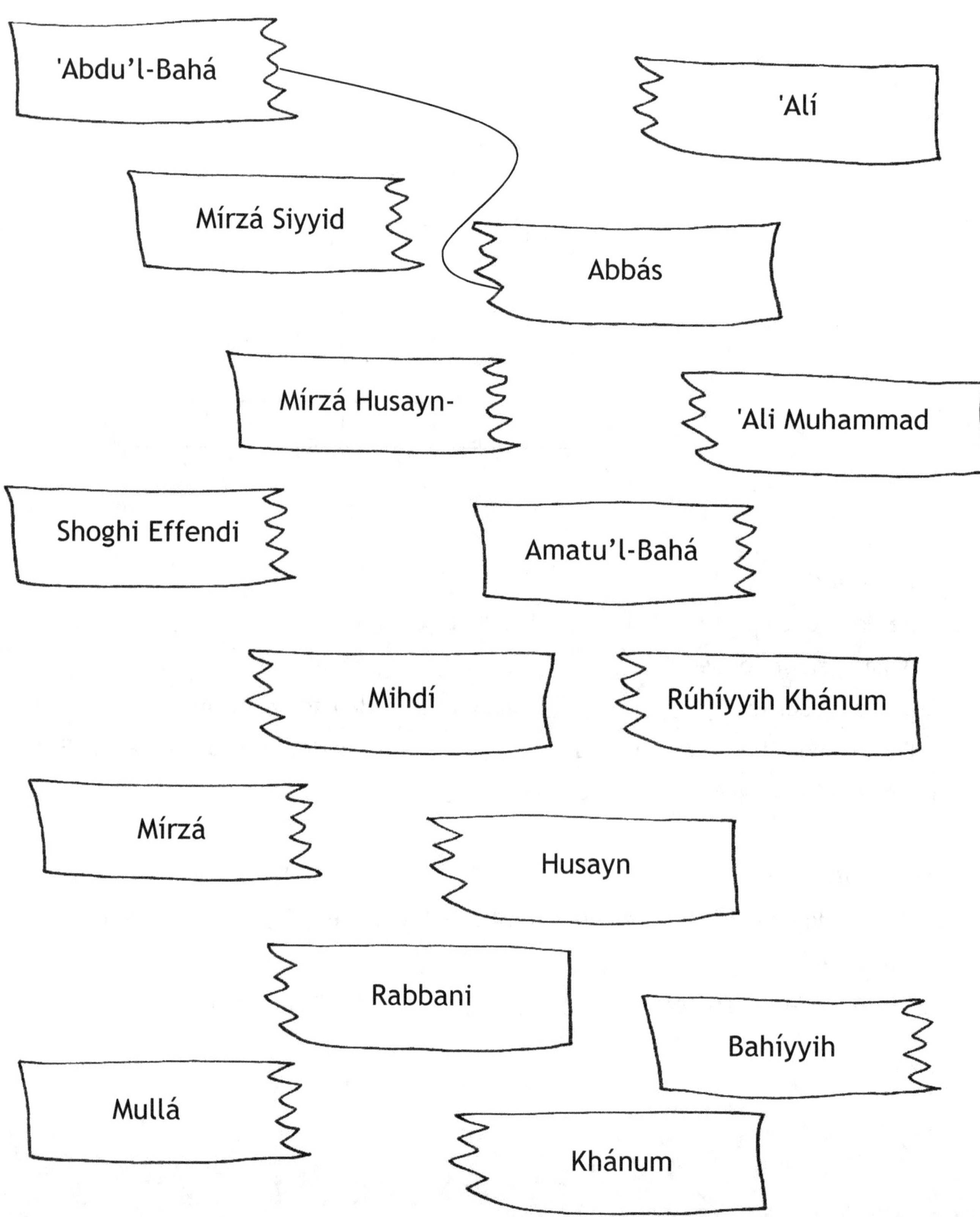

HEILIGE DAGEN EN HERDENKINGEN

Bahá'í Heilige dagen zijn heel speciaal. Het is belangrijk te weten waarom we ze vieren. Trek een lijn tussen de Heilige Dag en wat er dan gevierd of herdacht wordt.

(1) Geboortedag Bahá'u'lláh

(2) De Marteldood van the Báb

(3) Hemelvaart van Bahá'u'lláh

(4) Naw-Rúz

(5) 1^e Dag van Ridván

(6) 9^e Dag van Ridván

(7) 12^e Dag van Ridván

(8) Geboortedag van de Báb

(9) Verkondiging van de Báb

(10) Hemelvaart van 'Abdu'l-Bahá

(11) Ayyám-i-Há

(12) De Vasten

(13) Dag van het Verbond

(A) De dag waarop Bahá'u'lláh stierf.

(B) De eerste dag van het nieuwe jaar.

(C) De dag waarop Bahá'u'lláh geboren werd.

(D) De dag waarop de Báb werd geëxecuteerd.

(E) Dag waarop de familie van Bahá'u'lláh zich bij de andere gelovigen in de tuin van Ridván voegde.

(F) De dag waarop de Báb werd geboren.

(G) De dag waarop Bahá'u'lláh in het openbaar Zijn Zending verkondigde.

(H) Schrikkeldagen, de dagen van gastvrijheid voor de vasten begint.

(I) De dag waarop Bahá'u'lláh en Zijn familie vertrokken van Baghdad naar Constantinopel.

(J) De dag waarop het Verbond van Bahá'u'lláh wordt gevierd.

(K) De dag waarop de Báb Zijn Zending verkondigde aan Mullá Husayn.

(L) De dag waarop 'Abdu'l-Bahá stierf.

(M) Bahá'ís onthouden zich van eten en drinken tussen zonsop- en ondergang.

TIJDLIJN VAN DE BAHÁ'Í-GESCHIEDENIS

Op de tijdlijn zie je data van een aantal heel belangrijke gebeurtenissen in de Bahá'í-geschiedenis. Noem de gebeurtenissen die bij deze data horen:

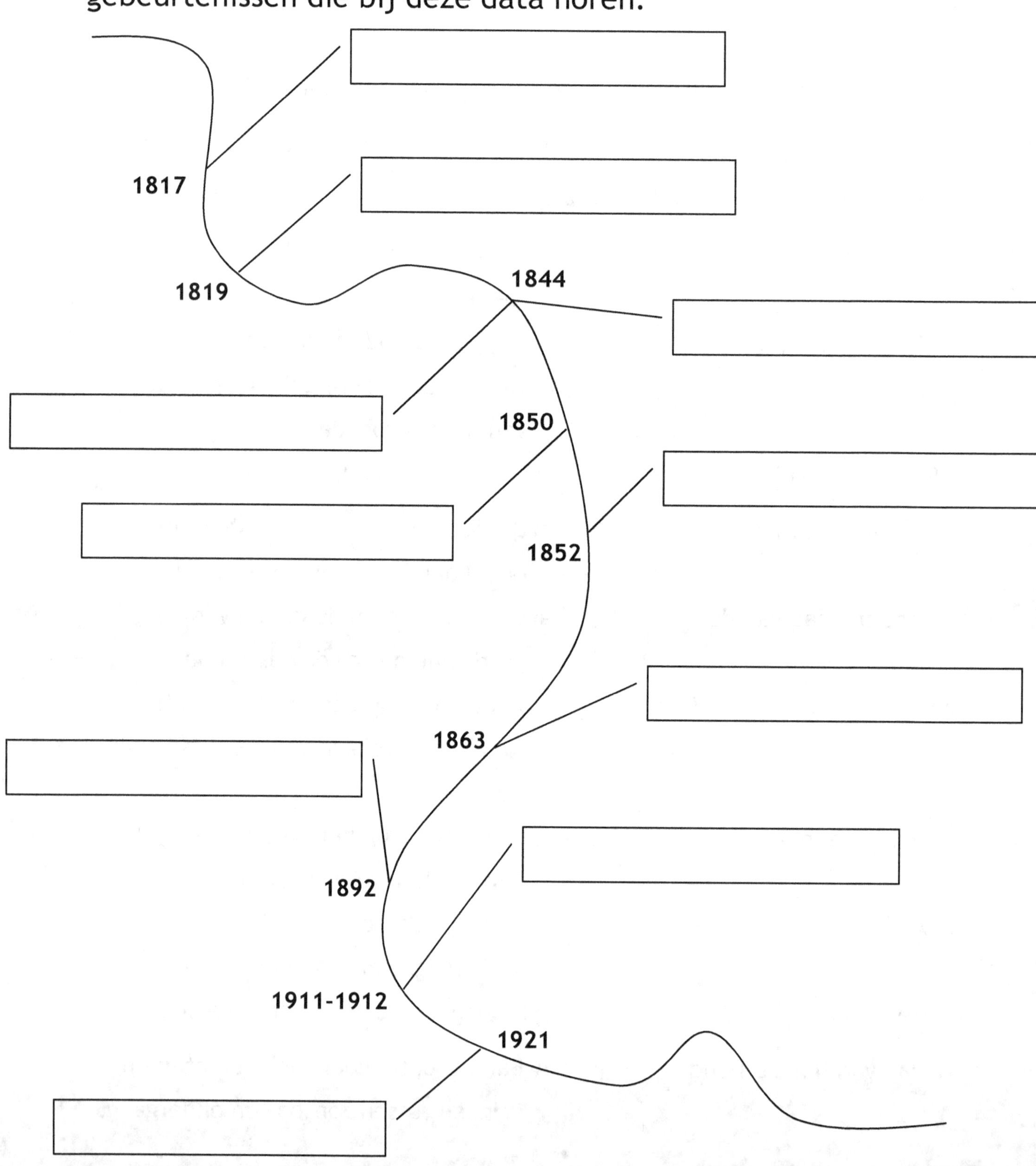

KALENDER VAN DE HEILIGE DAGEN

januari	februari	maart	april

mei	juni	juli	augustus

september	oktober	november	december

Probeer de heilige dagen van het Bahá'í-geloof en de herdenkingen die hier onder staan in de juiste maanden in de kalender te plaatsen.

Je kunt alles opzoeken in de verhalen in dit boek.

Geboorte van Bahá'u'lláh	9^e dag van Ridván
Geboorte van de Báb	12^e dag van Ridván
Marteldood van de Báb	Verkondiging van de Báb
Hemelvaart van Bahá'u'lláh	Hemelvaart van 'Abdu'l-Bahá
Naw-Rúz	Ayyám-i-Há
1^e dag van Ridván	De Vasten

LIJST VAN HEILIGE DAGEN VAN HET BAHÁ'Í-GELOOF

Schrijf nu de datum van elke heilige dag en speciale herdenking hier op.

Naw-Rúz ____________________

1^e dag van Ridván ____________________

9^e dag van Ridván ____________________

12^e dag van Ridván ____________________

Verkondiging van de Báb ____________________

Hemelvaart van Bahá'u'lláh ____________________

Marteldood van de Báb ____________________

Geboorte van de Báb ____________________

Geboorte van Bahá'u'lláh ____________________

Dag van het Verbond ____________________

Hemelvaart van 'Abdu'l-Bahá ____________________

Ayyám-i-Há ____________________

De Vasten ____________________

Als de lijst klaar is kun je hem ergens bij jou thuis ophangen om de data van de heilige dagen te onthouden!

HEILIGE DAGEN KLOKKEN

Sommige heilige dagen worden op een speciale tijd gevierd. Teken op elke klok wijzers die de juiste tijd aanwijzen.

De <u>Hemelvaart van Bahá'u'lláh</u> wordt herdacht om 3 uur 's nachts.

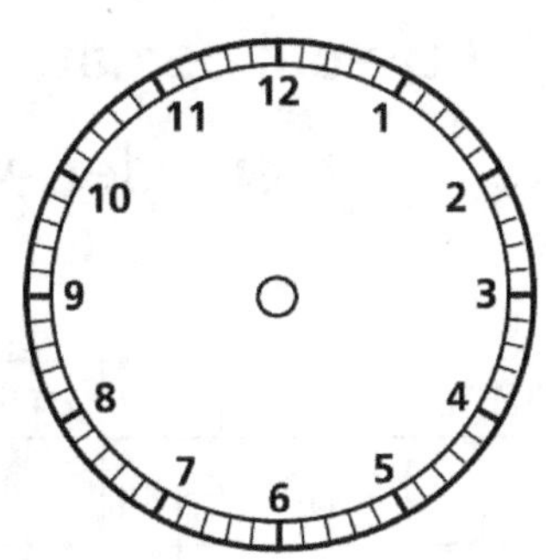

De <u>Hemelvaart van 'Abdu'l-Bahá</u> wordt gevierd om 1 uur 's nachts.

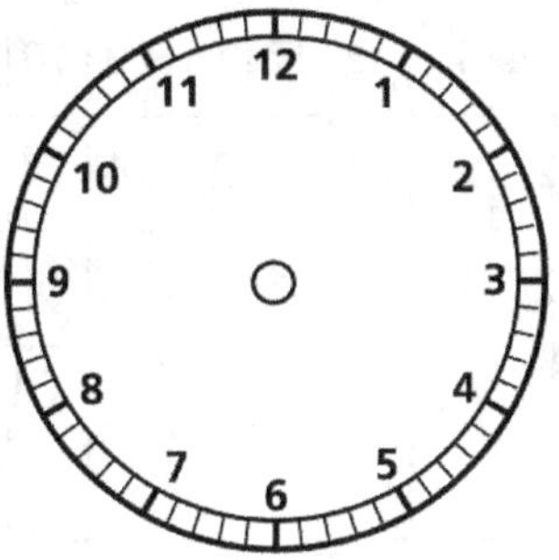

De <u>Verkondiging van de Báb</u> vond plaats om 2 uur en 11 minuten na zonsondergang. Als de zonsondergang om 6 uur is, op welke tijd wordt de viering dan gehouden?

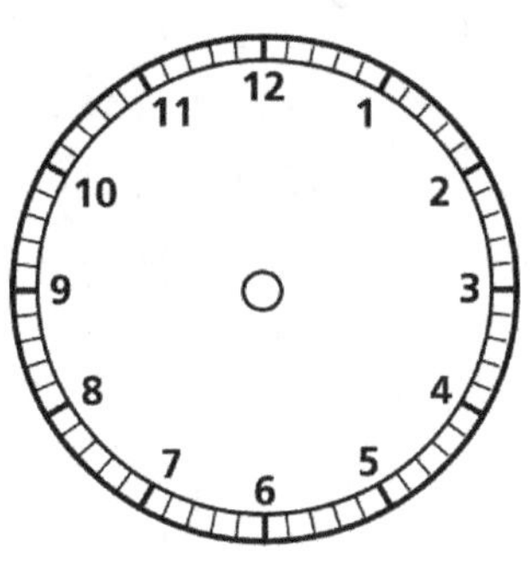

De <u>Vasten</u> wordt elke dag gehouden van zonsopgang tot zonsondergang. Op enkele ochtenden begint de zonsopgang om 6.47 uur.

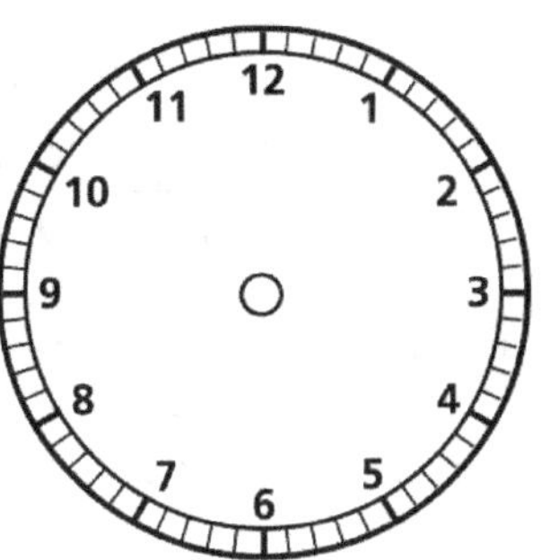

EEN JAAR MET FEESTEN

Het eerste Negentiendaagsfeest van het bahá'í-jaar is het Feest van Pracht (Bahá). Het wordt gevierd op 21 maart. Elke bahá'í-maand duurt 19 dagen en het Feest wordt gehouden op de eerste dag. Zet een cirkeltje om de data van de andere Negentiendaagsfeesten op de kalender hieronder, waarbij je voor elke bahá'í-maand 19 dagen telt.

maart

		1	2	3	4	5
6	7	8	9	10	11	12
13	14	15	16	17	18	19
20	(21)	22	23	24	25	26
27	28	29	30	31		

april

					1	2
3	4	5	6	7	8	9
10	11	12	13	14	15	16
17	18	19	20	21	22	23
24	25	26	27	28	29	30

mei

1	2	3	4	5	6	7
8	9	10	11	12	13	14
15	16	17	18	19	20	21
22	23	24	25	26	27	28
29	30	31				

juni

			1	2	3	4
5	6	7	8	9	10	11
12	13	14	15	16	17	18
19	20	21	22	23	24	25
26	27	28	29	30		

juli

					1	2
3	4	5	6	7	8	9
10	11	12	13	14	15	16
17	18	19	20	21	22	23
24	25	26	27	28	29	30
31						

augustus

	1	2	3	4	5	6
7	8	9	10	11	12	13
14	15	16	17	18	19	20
21	22	23	24	25	26	27
28	29	30	31			

september

				1	2	3
4	5	6	7	8	9	10
11	12	13	14	15	16	17
18	19	20	21	22	23	24
25	26	27	28	29	30	

oktober

						1
2	3	4	5	6	7	8
9	10	11	12	13	14	15
16	17	18	19	20	21	22
23	24	25	26	27	28	29
30	31					

november

		1	2	3	4	5
6	7	8	9	10	11	12
13	14	15	16	17	18	19
20	21	22	23	24	25	26
27	28	29	30			

december

				1	2	3
4	5	6	7	8	9	10
11	12	13	14	15	16	17
18	19	20	21	22	23	24
25	26	27	28	29	30	31

januari

1	2	3	4	5	6	7
8	9	10	11	12	13	14
15	16	17	18	19	20	21
22	23	24	25	26	27	28
29	30	31				

februari

			1	2	3	4
5	6	7	8	9	10	11
12	13	14	15	16	17	18
19	20	21	22	23	24	25
26	27	28				

*Denk er aan dat Ayyám-i-Há 4 of 5 dagen kan duren (als het een schrikkeljaar is) maar altijd op 26 februari begint.

19 DAAGSFEEST

Schrijf de datum van elk Negentiendaagsfeest hier onder op:

Feest van Bahá (Pracht) _________21 maart__________

Feest van Jalál (Heerlijkheid) _____________________

Feest van Jamál (Schoonheid) _____________________

Feest van 'Azamat (Grootheid) _____________________

Feest van Núr (Licht) _____________________

Feest van Rahmat (Genade) _____________________

Feest van Kalimát (Woorden) _____________________

Feest van Kamál (Volmaaktheid) _____________________

Feest van Azmá (Namen) _____________________

Feest van 'Izzat (Macht) _____________________

Feest van Mashíyyat (Wil) _____________________

Feest van 'Ilm (Kennis) _____________________

Feest van Qudrat (Kracht) _____________________

Feest van Qawl (Spraak) _____________________

Feest van Masá'il (Vragen) _____________________

Feest van Sharaf (Eer) _____________________

Feest van Sultán (Soevereiniteit) _____________________

Feest van Mulk (Heerschappij) _____________________

Feest van 'Alá (Verhevenheid) _____________________

*Opmerking: De Negentiendaagsfeesten worden op de eerste dag van elke bahá'í-maand gevierd.

DE BAHÁ'Í-KALENDER IN HET ARABISCH

Vul bij elke bahá'í-maand de ontbrekende letters in.

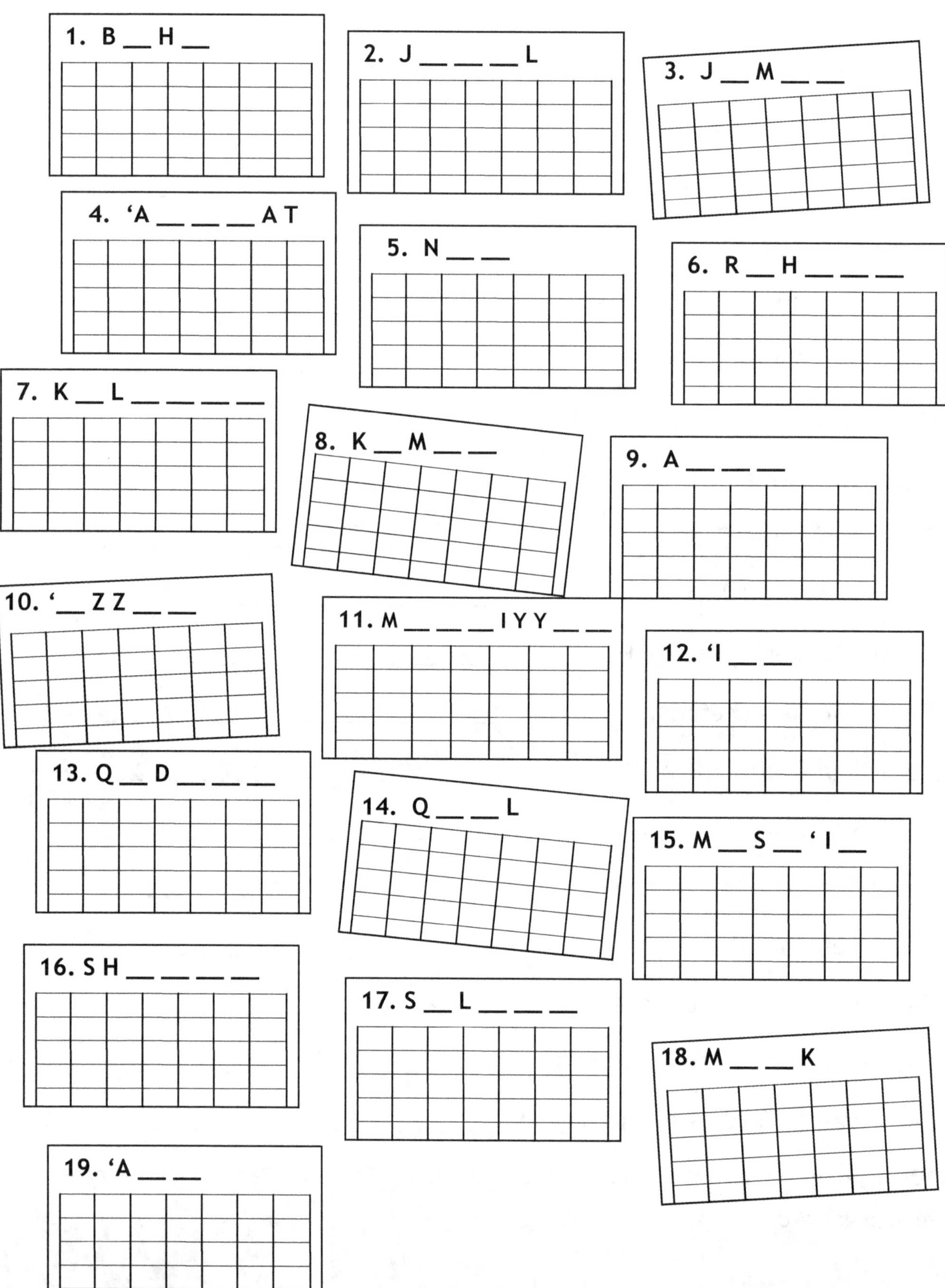

KALENDER KOPPELS

Weet je de namen van de bahá'í-maanden in het Arabisch en in het Nederlands? Repeteer de lijst op bladzijde 87 en probeer dan uit het hoofd de juiste namen met elkaar te verbinden.

Bahá	Namen
Jalál	Licht
Jamál	Schoonheid
'Azamat	Pracht
Núr	Kracht
Rahmat	Genade
Kalimát	Heerlijkheid
Kamál	Grootheid
Azmá	Vragen
'Izzat	Spraak
Mashíyyat	Volmaaktheid
'Ilm	Kennis
Qudrat	Woorden
Qawl	Wil
Masá'il	Verhevenheid
Sharaf	Heerschappij
Sultán	Soevereiniteit
Mulk	Eer
'Alá	Macht

MIJN BAHÁ'Í-GEBOORTEDATUM

Wat is je geboortedatum volgens de bahá'í-kalender? Gebruik de volgende aanwijzingen om hem te berekenen:

De bahá'í-kalender begint in het jaar 1844

1844 na Christus (n.Chr.) = 1 Bahá'í Era (B.E.)

Jouw geboortejaar: _______ n.Chr. – 1844* = _______ B.E.

Kijk op de lijst op bladzijde 87 om jouw bahá'í-maand en jaar te vinden. Zoek de maand waarin jouw geboortedag valt en tel dan de dagen vanaf het begin van die maand, bijvoorbeeld 6 juni = 2 Núr.

*Opmerking: het bahá'í-jaar begint op 1 Bahá (21 maart). Als jouw verjaardag tussen 1 januari en 20 maart valt, moet je 1845 jaar aftrekken om het juiste bahá'í-jaar te krijgen.

Als je jouw bahá'í verjaardag hebt uitgerekend schrijf hem dan hier op:

Mijn bahá'í-geboortedatum

_______ van _________________, __________ B.E.
Dag   maand (Arabisch)   jaar

'ABDU'L-BAHÁ'S BOODSCHAP VOOR HET FEEST

"Dit feest wordt gehouden om kameraadschap en liefde te bevorderen, om God te gedenken, met een berouwvol hart tot Hem te bidden en aan te moedigen tot heilzame werken."

~ 'Abdu'l-Bahá

INGREDIËNTEN VOOR HET FEEST

Wat hebben we nodig voor een Feest?

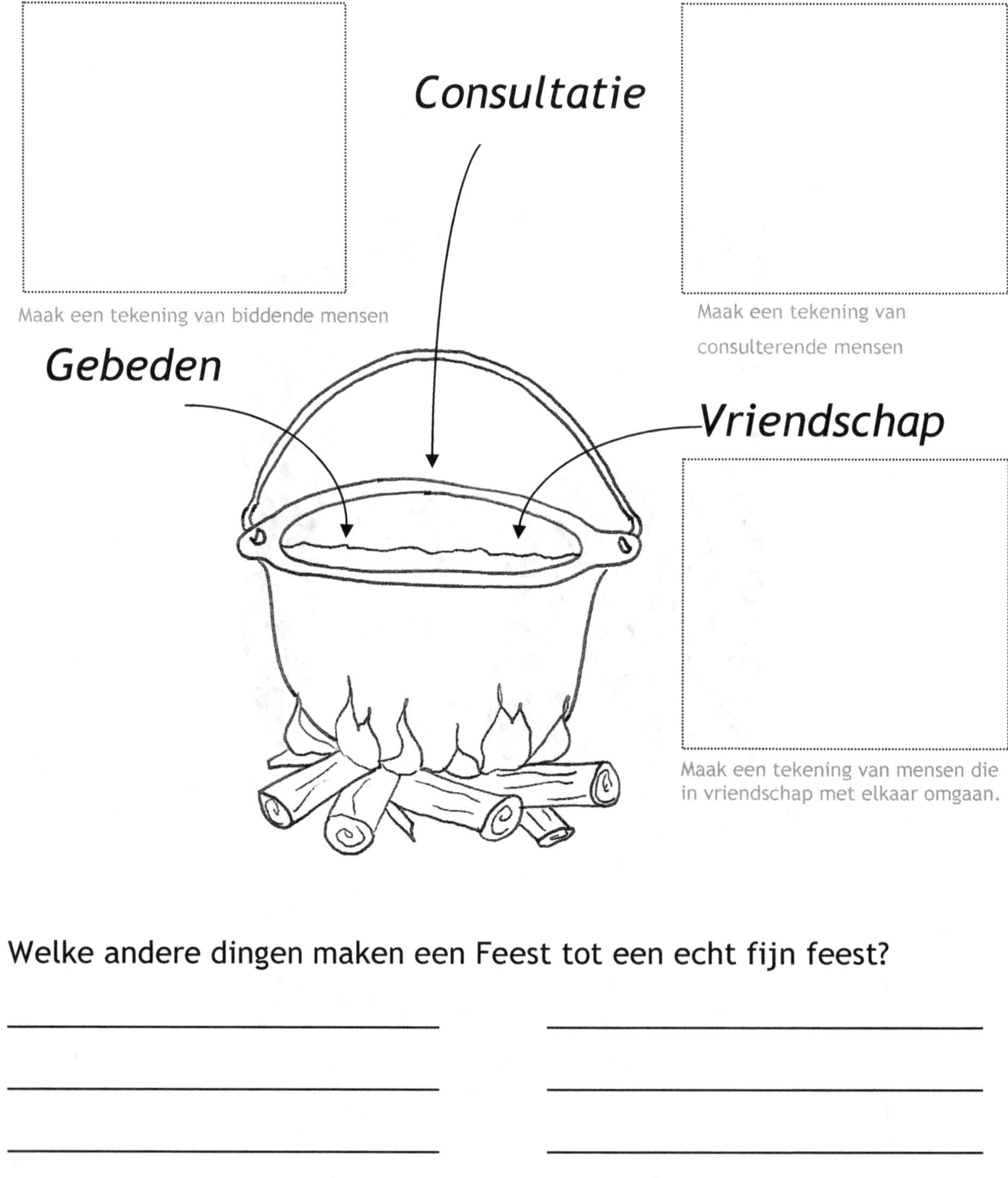

Welke andere dingen maken een Feest tot een echt fijn feest?

___________________________   ___________________________

___________________________   ___________________________

___________________________   ___________________________

___________________________   ___________________________

___________________________   ___________________________

ONDERDELEN VAN HET 19-DAAGSFEEST

Zet in het rondje bij elke tekening een nummer waarmee je de juiste volgorde laat zien.

EEN DOOL - HOFFELIJK FEEST

Zoek de weg naar het Negentiendaagsfeest!

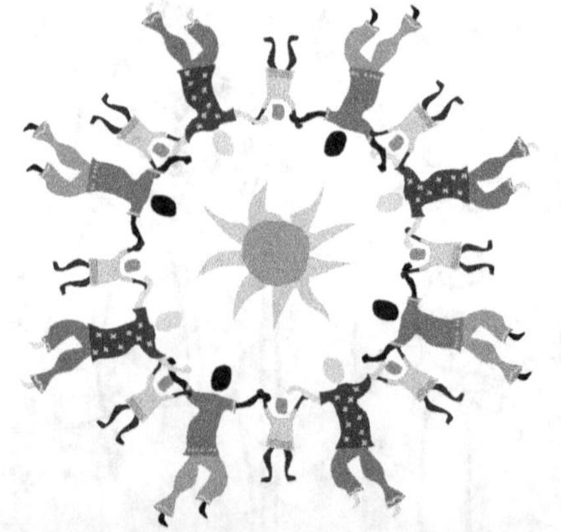

WELKOM OP HET 19-DAAGS FEEST

SCHRIJFOEFENING

Schrijf de volgende woorden nog een keer over:

Negentiendaagsfeest

Negentiendaagsfeest

Gebed

Gebed

Meditatie

Meditatie

Eenheid

Eenheid

Consultatie

Consultatie

Het fonds

Het fonds

Dienstbaarheid

Dienstbaarheid

Onderricht

Onderricht

Vriendschap

Vriendschap

ONTWERP JE EIGEN FONDSPOT

Een van de geestelijke plichten van bahá'ís is dat zij regelmatig aan
het bahá'í-fonds bijdragen. Versier deze fondspot en knip hem dan uit
en lijm hem in elkaar.

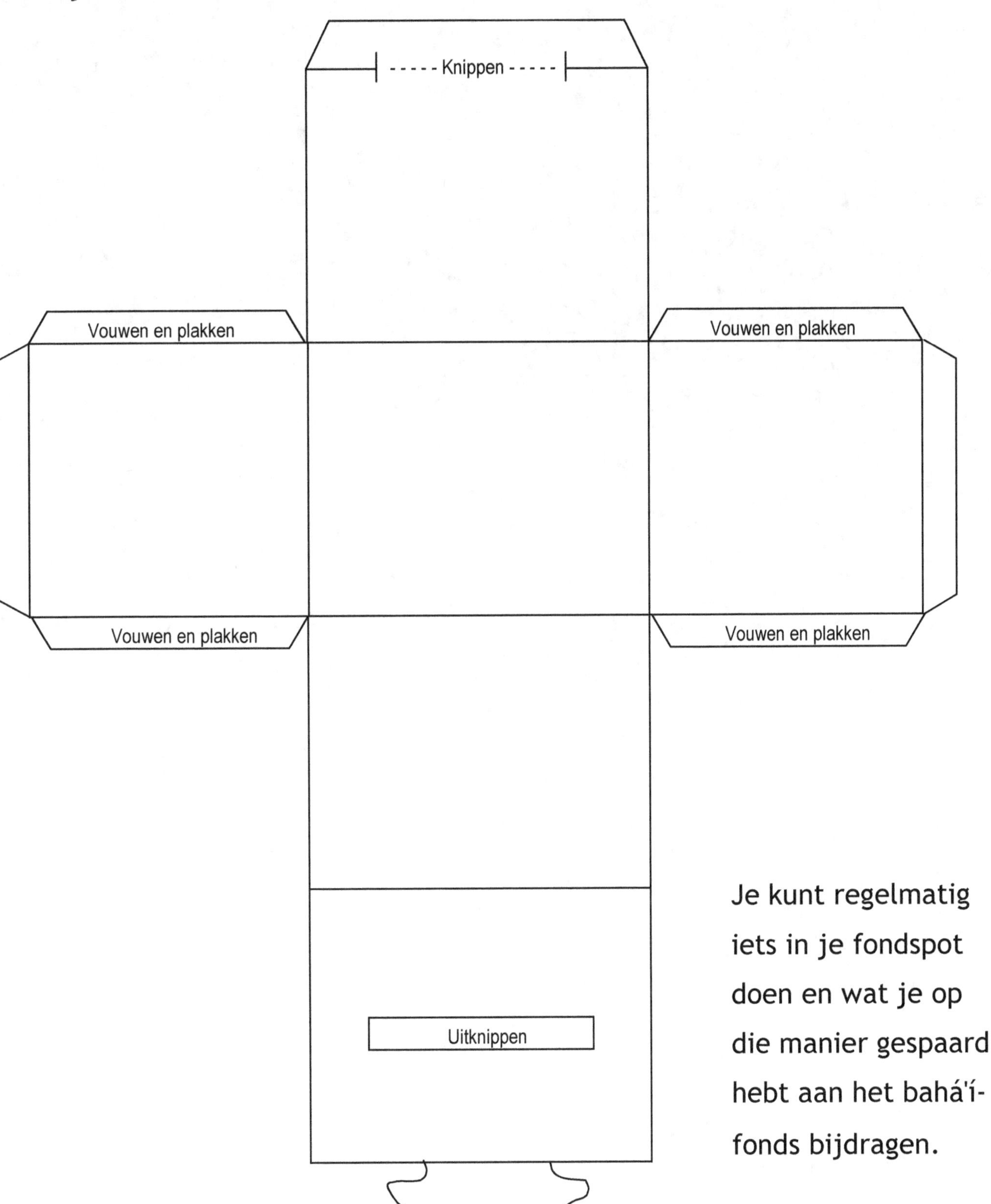

Je kunt regelmatig
iets in je fondspot
doen en wat je op
die manier gespaard
hebt aan het bahá'í-
fonds bijdragen.

ACHTERKANT VAN KNIPBLAD

GELD BIJ ELKAAR KRIJGEN VOOR HET FONDS

De bahá'ís van 'Onze Stad' besloten een verkoop te
organiseren om geld voor het fonds bij elkaar te krijgen.
Hoeveel geld zouden ze hebben als de hier onderstaande
dingen werden verkocht?

Twee stoelen	2 x 3	=	6
Eén halsketting	1 x 7	=	7

(A) €13

Eén stereo	__ x __	=	___
Skates	1 x __	=	___

(B) €☐

Zes vazen	__ x __	=	___
Vijf borden	__ x __	=	___

(C) €☐

Eén samowaar	__ x __	=	___
Drie borden	__ x __	=	___

(D) €☐

Eén vaas	__ x __	=	___
Vier borden	__ x __	=	___
Vier wielen	__ x __	=	___

(E) €☐

Eén schilderij	__ x __	=	___
Eén halsketting	__ x __	=	___

(F) €☐

FONDS BIJDRAGEN

De geldinzameling voor het fonds was op vrijdag en zaterdag. Op zondag werd er ook nog een geldinzamelingsdiner gehouden. Bereken het totale bedrag voor het bahá'í-fonds dat met deze activiteiten bij elkaar werd gebracht.

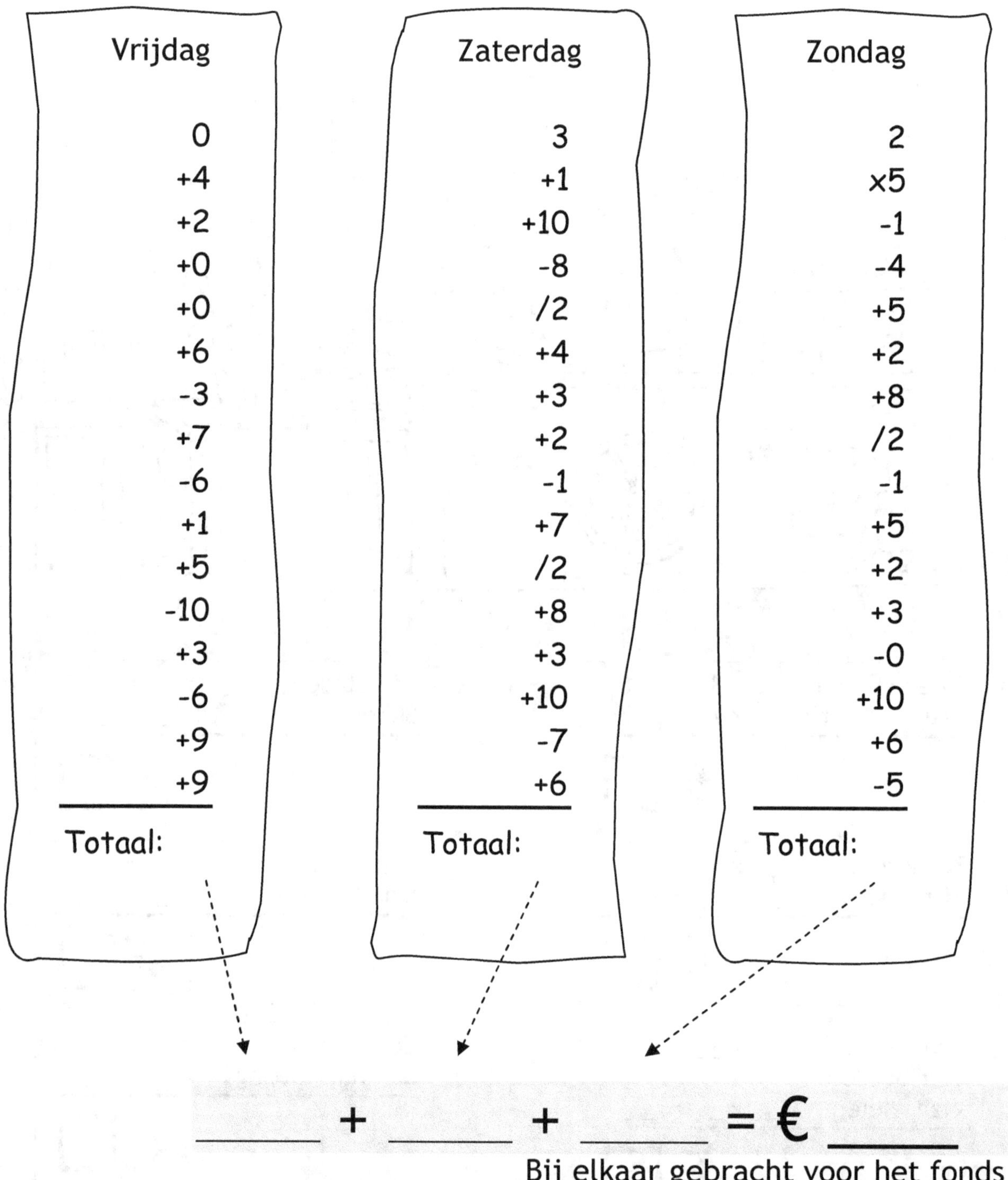

_____ + _____ + _____ = € _____

Bij elkaar gebracht voor het fonds

DOELEN STELLEN VOOR DE GELDINZAMELING

De bahá'ís van 'Onze Stad' gaan controleren of zij hun doelen voor de geldinzameling hebben gehaald. Bekijk de grafiek nauwkeurig en vul dan de eronder staande zinnen in.

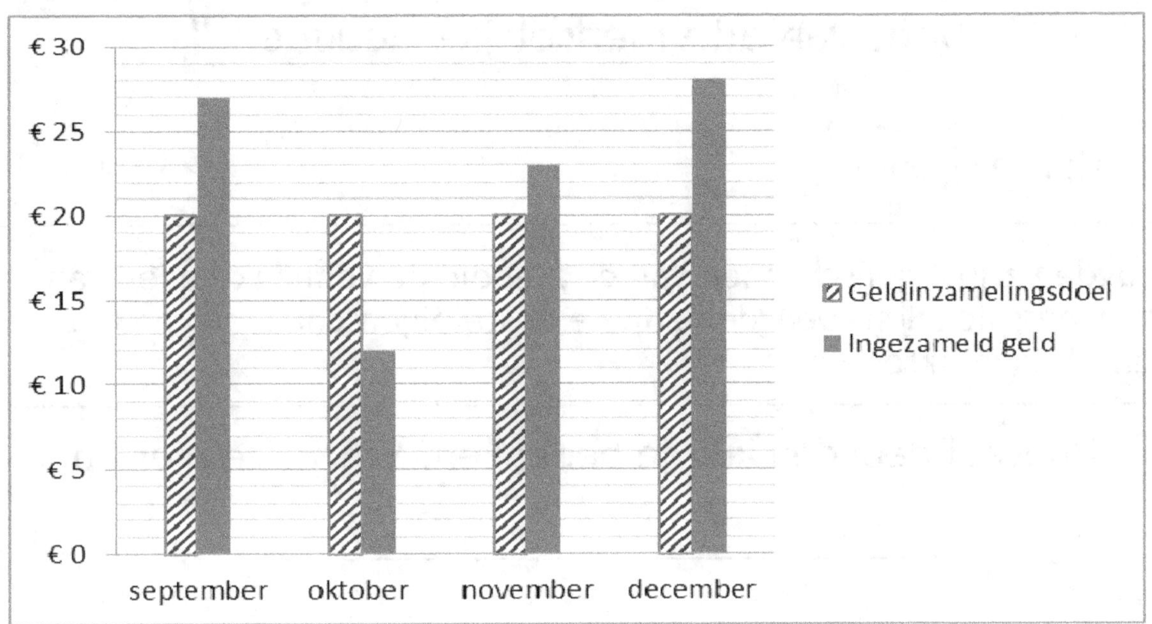

1. Het geldinzamelingsdoel voor elke maand was: € __________
2. In september is er € __________ voor het fonds ingezameld.
3. In oktober is er € __________ voor het fonds ingezameld.
4. In november is er € __________ voor het fonds ingezameld.
5. In december is er € __________ voor het fonds ingezameld.
6. In welke maand(en) werd het doel overtroffen?

____

7. In welke maand(en) werd het doel niet gehaald?

____

8. 'Onze Stad' wilde in totaal € _______ inzamelen voor het bahá'í-fonds.
9. Het totale bedrag dat werd ingezameld is: € _____________

Gefeliciteerd!

WAT IS EEN DEUGD?

'Abdu'l-Bahá zegt:

> "Bahá'í zijn betekent dat je de belichaming
> bent van alle menselijke deugden."

Wat zijn deugden?

> **Deugden** zijn eigenschappen van de ziel die de volmaaktheden van God weerspiegelen. Deugden zijn de beste eigenschappen van het menselijk karakter.

Hoeveel deugden kun je bedenken? Schrijf ze hier op:

____

____

____

____

____

____

____

____

____

____

____

____

Doe je uiterste best om deze deugden elke dag te oefenen.

VRIENDELIJKHEID VOOR DIEREN

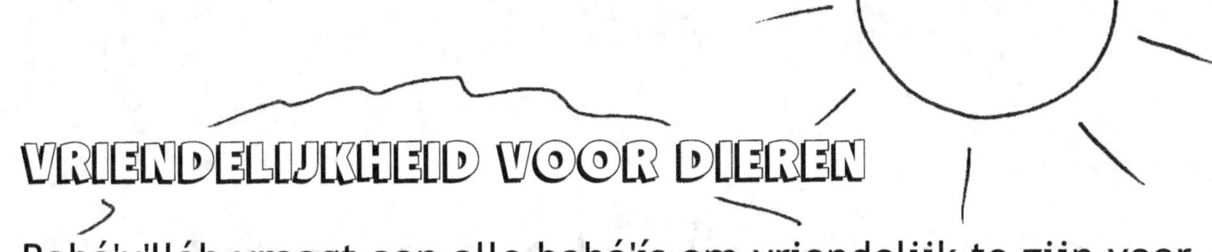

Bahá'u'lláh vraagt aan alle bahá'ís om vriendelijk te zijn voor dieren, ze te beschermen en goed voor hen te zorgen. 'Abdu'l-Bahá zegt dat we zelfs geen miertje kwaad mogen doen!

Heb jij lievelingsdieren? Als ze hier niet op staan teken ze dan op deze pagina erbij!

NETHEID

Netjes en schoon zijn is heel belangrijk voor onze gezondheid en ons welzijn. Een schoon lichaam heeft ook veel invloed op onze geestelijke toestand. Bahá'u'lláh zegt: *"Wees de ware essentie van reinheid onder de mensen."* Wat heeft deze jongen gedaan om zich 'rein' te maken?

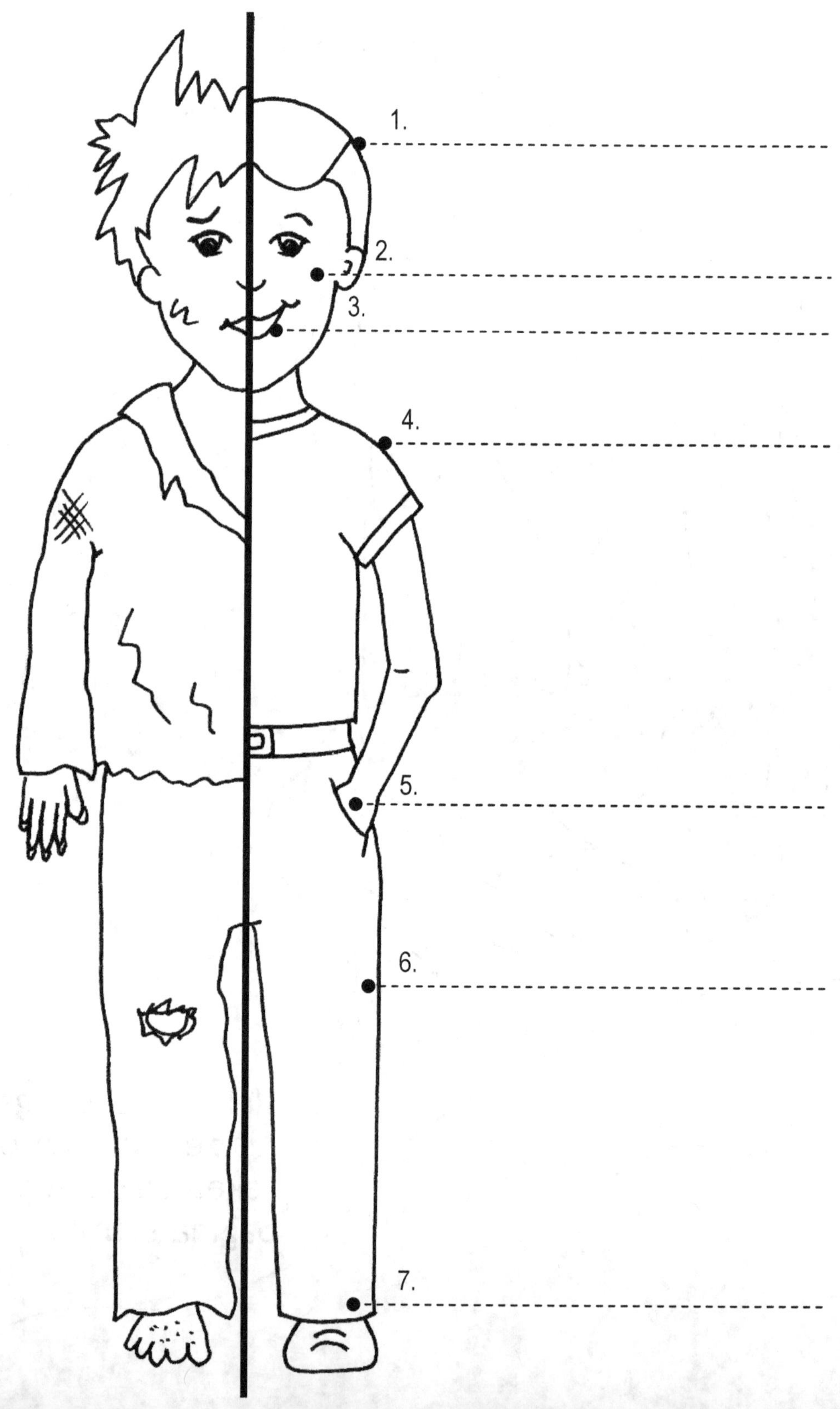

HOFFELIJKHEID

Maak de zinnen af met gebruik van deze hoffelijke woorden.

Sommige woorden kun je meerdere keren gebruiken.

dank   mag   alstublieft   goede

aanbieden   leuk   blij   eer

"__________ morgen!"

"Ik ben __________ je te zien!"

"__________ ik er een, __________?"

"Ja, __________!"

"Nee, __________ u."

"__________ dat je met ons komt spelen."

"__________ u voor het eten."

"Mag ik u een kopje thee __________?"

"Het zal mij een __________ zijn u te bedienen."

ORDELIJKHEID

Dat we de ruimtes die we gebruiken opruimen hoort ook bij netheid. Deze kinderen hebben een beetje hulp nodig om hun kamer op te ruimen. Kun jij hen helpen om elk voorwerp op de juiste plaats te leggen?

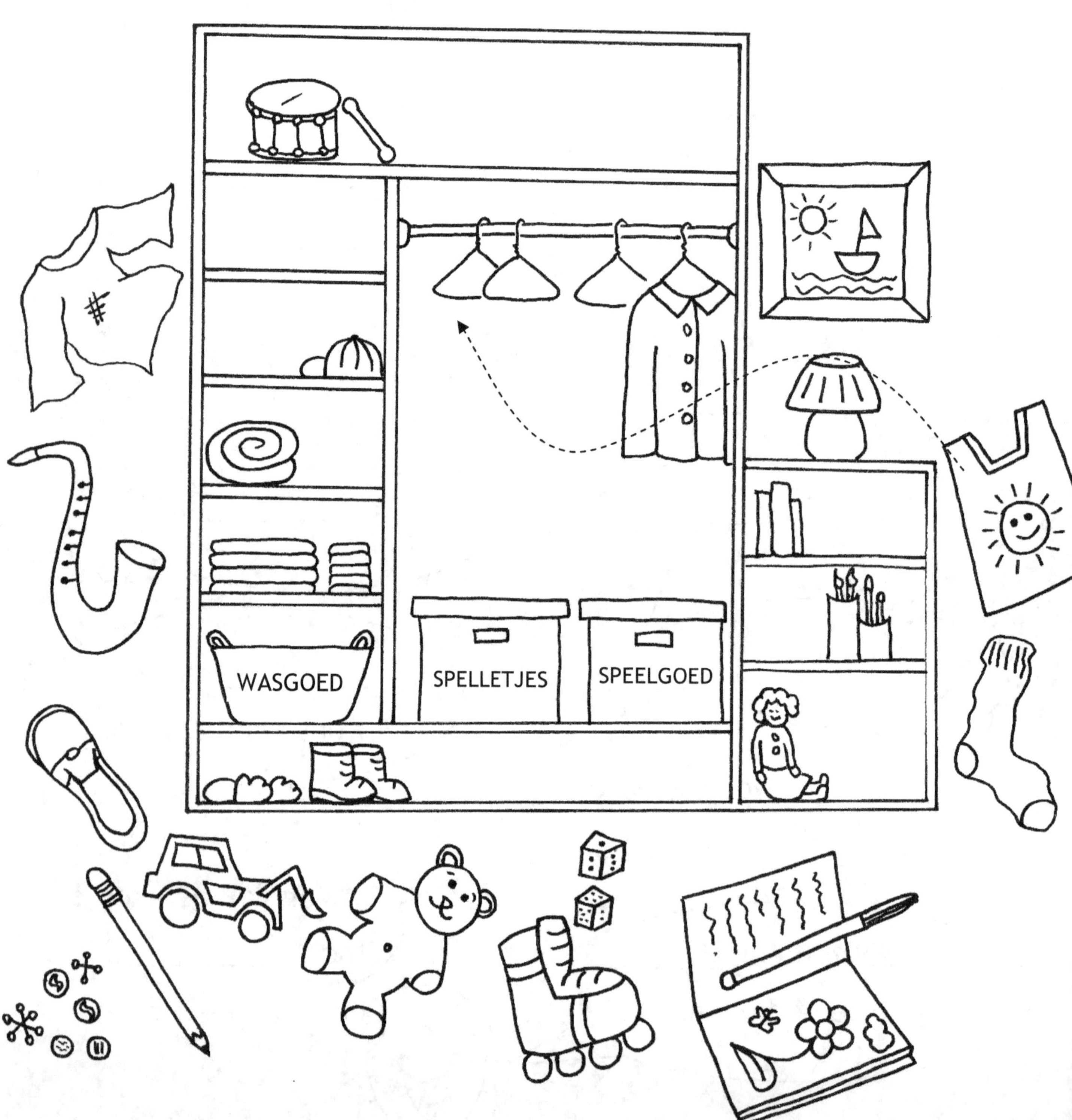

VOOR DE ARMEN ZORGEN

Bahá'u'lláh en 'Abdu'l-Bahá zorgden altijd voor de arme mensen. Hoe kunnen wij de arme mensen helpen? Schrijf bij elk plaatje wat wij kunnen geven:

1) _______________________

2) _______________________

3) _______________________

4) _______________________

5) _______________________

6) _______________________

7) _______________________

8) _______________________

Gebed en meditatie kunnen veel verschillende vormen hebben. Als we onze gedachten op God richten worden we meer geestelijk, wordt ons hart zuiverder en ontwikkelt onze moed, vastberadenheid en onthechting zich.

DAGELIJKS BIDDEN EN MEDITEREN

Bahá'ís bidden elke dag en mediteren over het Woord van
God. Op deze manier gedenken bahá'ís hun liefhebbende
Schepper en vragen om Zijn leiding en genade. Hier volgt een
kort verplicht gebed dat elke dag gezegd kan worden:

HET KORTE VERPLICHTE GEBED

Schrijf het gebed van de vorige bladzijde over en verbind de puntjes met elkaar zodat je een mooie sierrand krijgt. Probeer dit gebed uit het hoofd te leren en zeg het elke dag tussen het middaguur en zonsondergang.

OPOFFERING

Het woord "opoffering" of "offer" betekent dat je iets aan God afstaat wat van jou is en daardoor maak je het heilig. Bahá'u'lláh vraagt aan ons bahá'ís om alles wat wij hebben op te offeren voor de overwinning van Zijn Zaak. Met andere woorden, om alles wat wij bezitten te offeren in dienstbaarheid aan Gods Wil.

Wat kun jij aan God offeren? Teken of schrijf in de tempel wat jij graag heilig zou willen maken.

GEESTELIJKE MOED

Dit is een gebed dat de bábí's zeiden als ze in moeilijkheden verkeerden. Zet de woorden in de goede volgorde en schrijf het gebed over op de regels hieronder.

| toereikend | vertrouwt | God is | op Hem. | Altoereikende. |

| voor mij | heeft | Hij is | Wie | vertrouwen |

____

____

Probeer nu deze woorden van Bahá'u'lláh te ontwarren:

| met Zijn | te helpen | kracht | Zijn Zaak | en sta op om |

| Wapen uzelf | te verheerlijken. | en macht | en | Zijn heilige Naam |

____

____

De aanhalingen hierboven spreken over geestelijke moed: moed die voortkomt uit vertrouwen op Gods wil en milddadigheid. Geestelijke moed helpt ons om de moeilijkheden in het leven tegemoet te treden en de Zaak van Bahá'u'lláh te onderrichten aan elke ziel die we ontmoeten.

Waarbij kan geestelijke moed jou helpen?

____

____

EEN DEUGDENZEEF

Deugden zijn de edelstenen van het karakter van de mens.
Help deze kinderen om hun edelstenen te vinden. Zeef de
eigenschappen eruit die <u>geen</u> deugden zijn, en streep ze door.

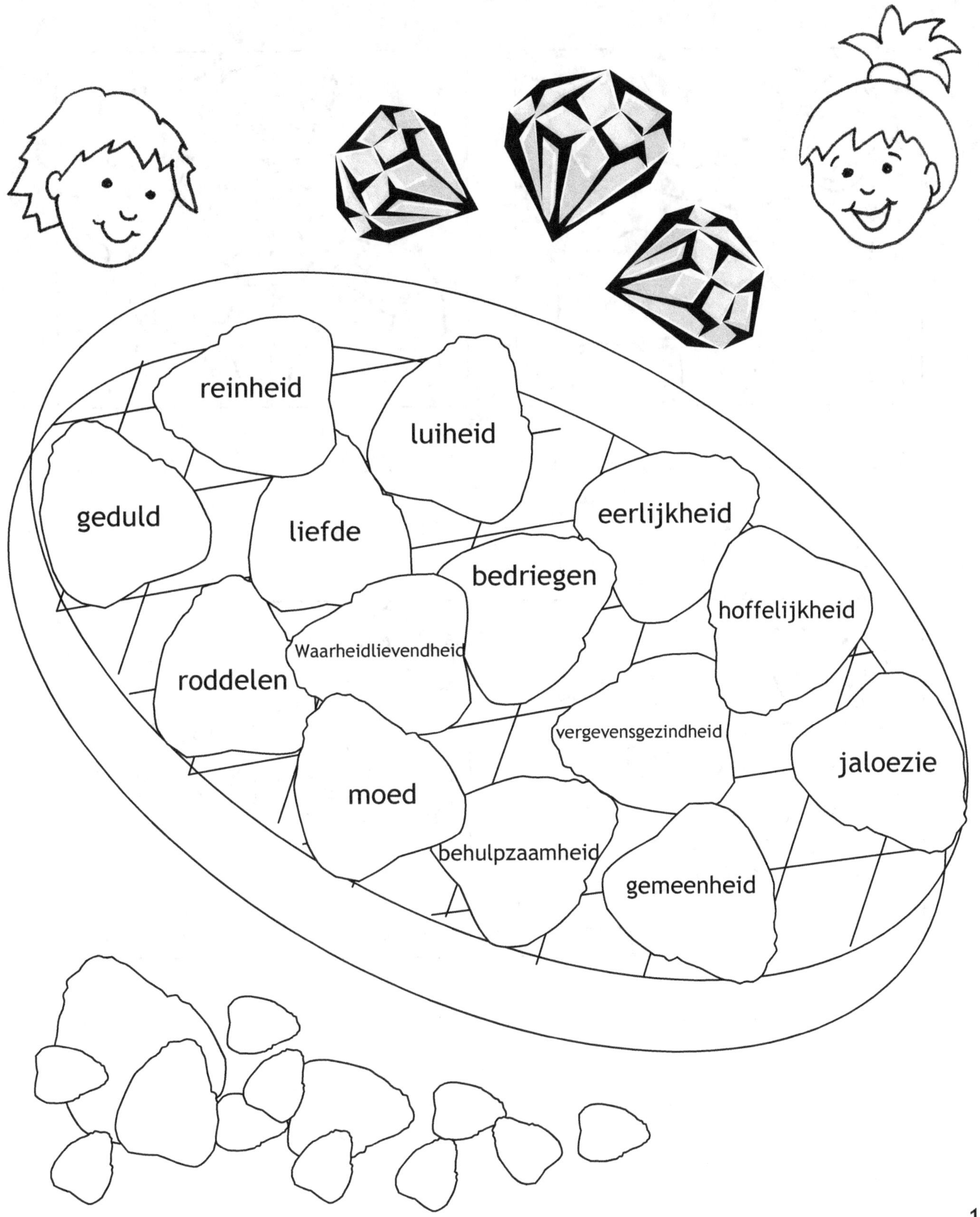

NOEM DE DEUGD

Probeer bij elk plaatje de bijpassende deugd te vinden.

Moed   **Samen delen**   **Vriendschap**   **Eerlijkheid**

A: _______________________

B: _______________________

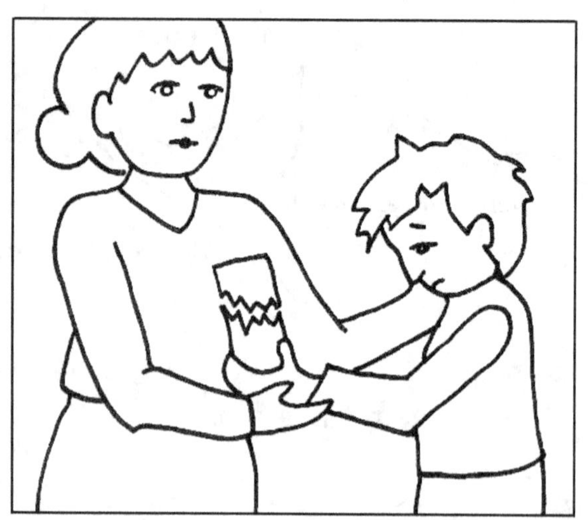

C: _______________________

D: _______________________

DEUGDEN WOORDZOEKER

Vind alle verborgen deugden in deze woordpuzzel:

```
A D U J Z L T R Q Q H T O U N D D H D
B I I M T R L M R D C N C V P I N I G
Z E Y E O A M W I M T Y D R L E E B L
B H T U H B P E I H G I P I W H D H I
I G W R N K H T E T E C G E D R E V E
D I B C O J J C E H M T Q N O E R W F
O V U G I U H I R E N X I D V V I X D
R E C L E T W A L P R Z V E J I G X E
T G B D I D A B Q E E L V L X U H U K
S J C N Y B U Z A G F A I I F Z E Z Z
P I G W K Z F L S A R F T J C W I C V
M R F N O Z M N D H R Q O K K A D R W
T V A U T V E E K F O H Z H F H J U J
R D W O Q V V A O K Q X E E P T E K D
O H Y R E C H T V A A R D I G H E I D
U J T G R E I N H E I D D D D L L L D
W Q R A Q D I E H M A A Z P L U H E B
K E D I E H T H C E R P O D E O M K Y
V G E M A T I G D H E I D F R X Q Q B
```

BEHULPZAAMHEID	HOFFELIJKHEID	REINHEID
BETROUWBAARHEID	LIEFDE	TROUW
BLIJHEID	MOED	VERGEVENSGEZINDHEID
DANKBAARHEID	NEDERIGHEID	VRIENDELIJKHEID
EERLIJKHEID	ONTHECHTING	VRIJGEVIGHEID
GEDULD	OPRECHTHEID	ZUIVERHEID
GEMATIGDHEID	RECHTVAARDIGHEID	

DEUGDENHUSSEL

Zet de door elkaar gehutselde letters weer in de goede
volgorde om de verborgen deugd te vinden:

dugdel   ___________________

hijdekleidrieven   ___________________

grinheidere   ___________________

eidheen   ___________________

dreigvechthaari   ___________________

holheifijfked   ___________________

linkenijbeidhem   ___________________

diszelfneplici   ___________________

heidheidlievendwaar ___________________

heidrein   ___________________

tigmaheidge   ___________________

heidlijkeer   ___________________

mode   ___________________

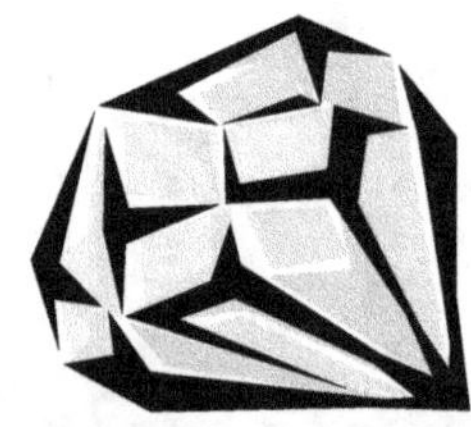

SIERRANDEN

Oefen met het natekenen van deze mooie sierranden. Je kunt ze gebruiken om er gebeden, kaarten en posters mee te versieren!

EEN PELGRIMSREIS AANVRAGEN

Een pelgrimsreis is een heilige reis die iedere bahá'í één keer in zijn of haar leven zou moeten maken als dat mogelijk is. Wanneer je op pelgrimsreis wilt gaan, moet je eerst een brief aan het Universele Huis van Gerechtigheid sturen waarmee je om toestemming vraagt. Bekijk de onderstaande brief en schrijf dan je eigen verzoek.

JE KOFFER PAKKEN VOOR DE PELGRIMSREIS

Je bent bezig met de voorbereiding van je pelgrimsreis en je moet je koffers pakken. Wat neem je mee? Kleding? Toiletspullen? Een fototoestel? Je gebedenboek? Wat nog meer?

Teken in de koffer alle dingen die je meeneemt op je reis.

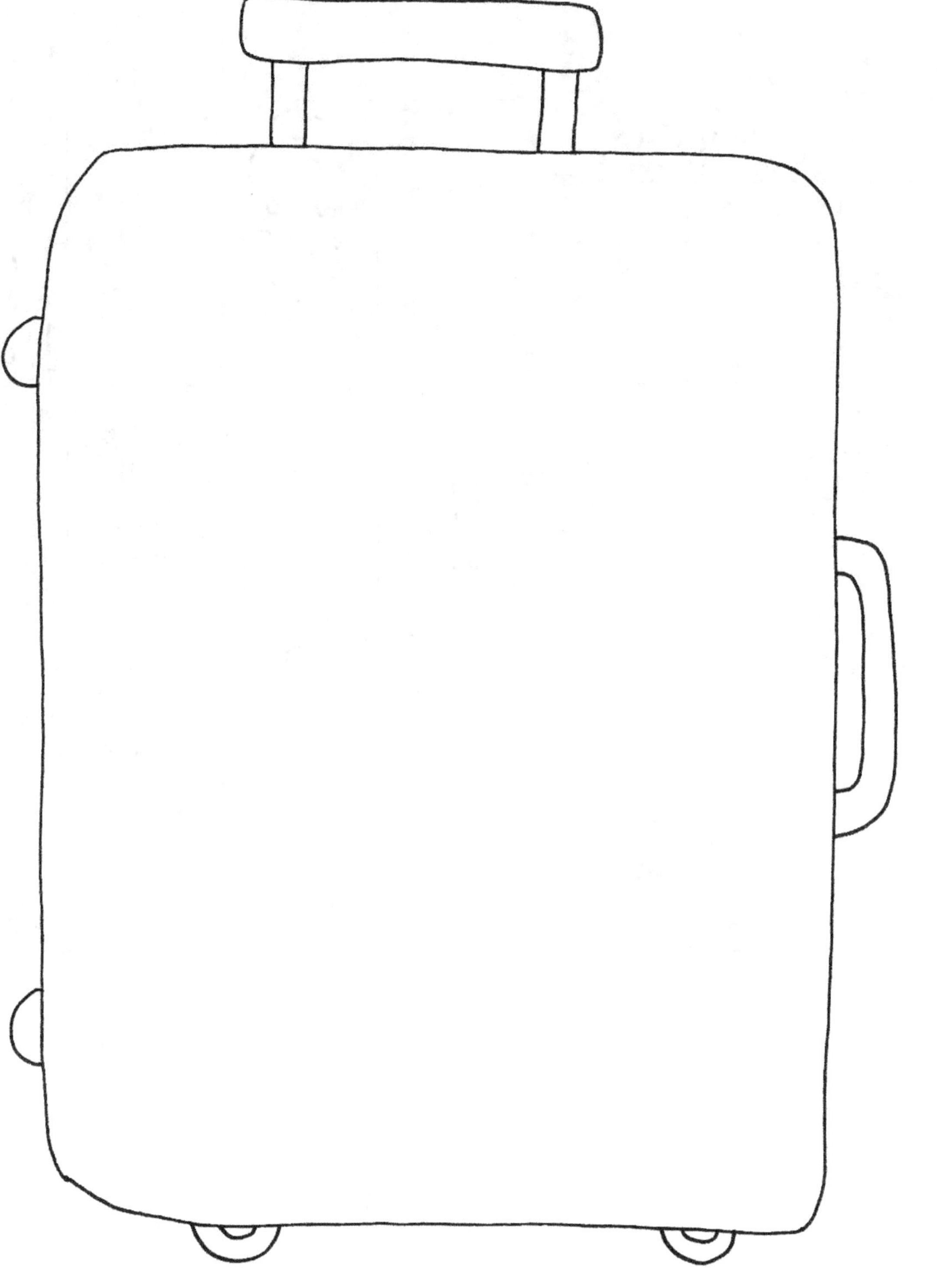

OP REIS NAAR HET HEILIGE LAND

Nu ben je op reis naar het Heilige Land per auto, trein, vliegtuig en taxi voor je bedevaart. Je kunt de weg naar Haifa vinden door de pijlen te volgen.

→↑→→↓↓↓←←↓→→↓→→↓→→↑↑←←↑↑→

AANKOMST IN HET HEILIGE LAND

Je bent in het Heilige Land aangekomen. Shalom! Salaam! Vrede!

"Dit Heilige Land is in alle heilige Geschriften vermeld en verheerlijkt. De Profeten van God en Zijn Uitverkorenen zijn daar verschenen. Dit is de wildernis waarin alle Boodschappers van God wandelden en van waaruit hun roep: "Hier ben ik, hier ben ik, o mijn God" werd aangeheven. Dit is het beloofde Land waarin Hij die de Openbaring Gods is, was voorbeschikt te worden geopenbaard."

Bloemlezing uit de Geschriften van Bahá'u'lláh, p. 202

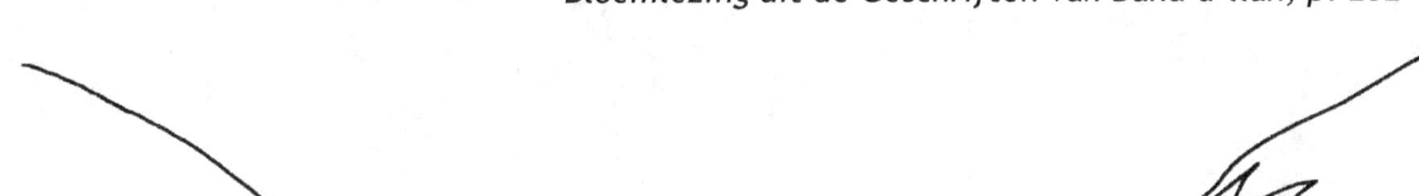

HEILIGE PLAATSEN VAN HET BAHÁ'Í-GELOOF

Bekijk de kaart en zie waar deze belangrijke bahá'í-plaatsen liggen in het Heilige Land. Teken de symbolen uit de kaartlegenda bij de plaatsen waar ze horen.

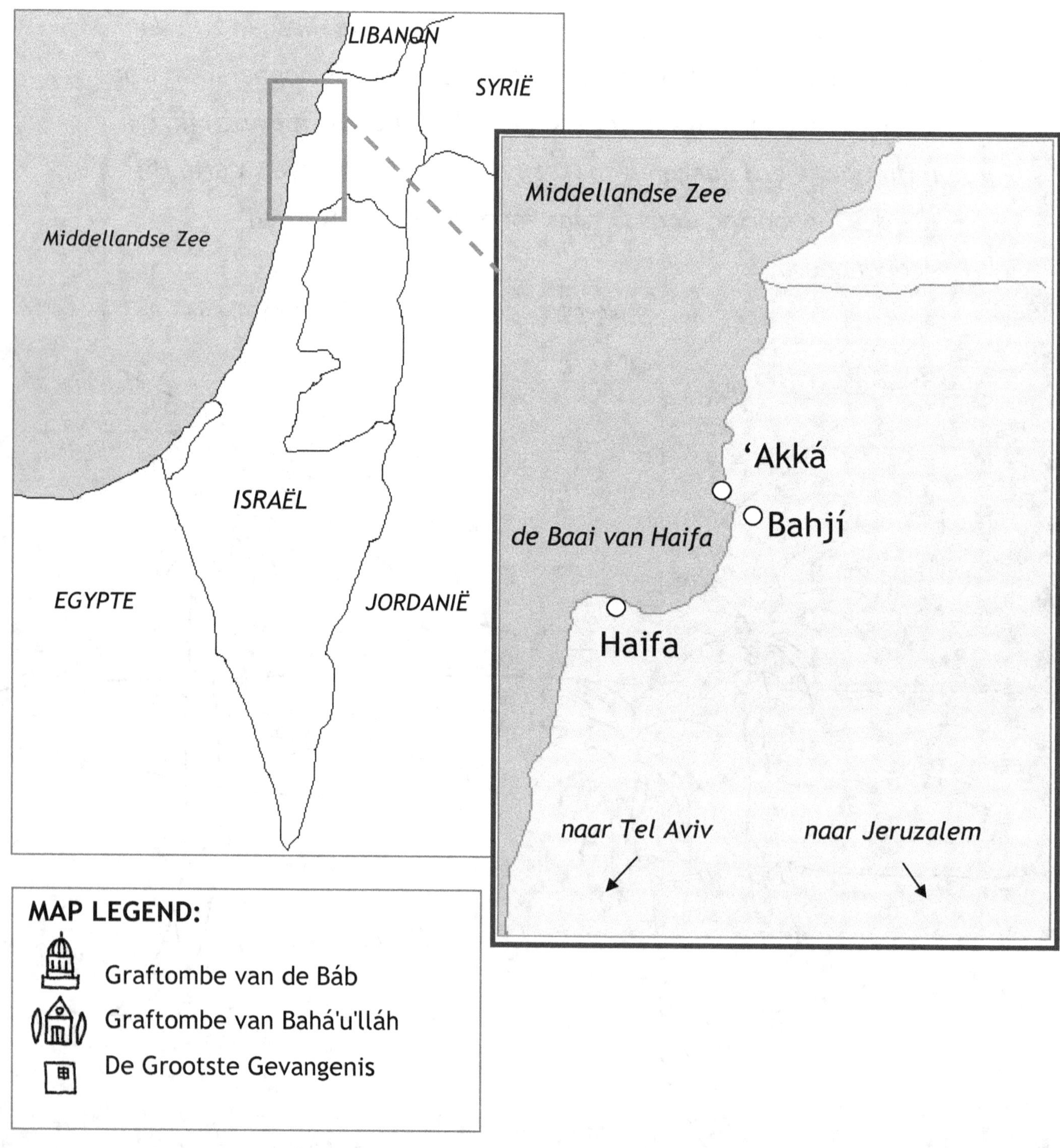

MAP LEGEND:

Graftombe van de Báb

Graftombe van Bahá'u'lláh

De Grootste Gevangenis

HET ROOSTER VAN DE PELGRIMSREIS

Hier is het rooster van de activiteiten van jouw groep tijdens je verblijf in het Heilige Land. Bekijk het rooster en beantwoord de vragen.

PELGRIMSROOSTER

Maandag -   Welkom en bezoek aan de Graftombe van de Báb

Dinsdag -   Bezoek aan de gebouwen van de Arc

Woensdag - Bezoek aan de Mansion in Bahjí en de Graftombe van Bahá'u'lláh

Donderdag -Bezoek aan de gevangenis in Akká

Vrijdag -   Bezoek aan het Archiefgebouw

Zaterdag - Bezoek aan de Tuin van Ridván

Zondag -   Ontmoeting met het Universele Huis van Gerechtigheid

Maandag -   Bezoek aan de Tempelgrond

Dinsdag -   Afscheid

1. Op welke dag gaat de groep de gebouwen van de Arc bezoeken?

   ____

2. Op welke dag zal de groep het Universele Huis van Gerechtigheid ontmoeten?

   ____

3. Wat doet de groep op donderdag?

   ____

   ____

4. Wanneer gaat de groep de Mansion in Bahjí bezoeken?

   ____

GRAFTOMBE VAN DE BÁB

DE TERRASSENPUZZEL

Een familie brengt een bezoek aan de Graftombe van de Báb en gaat de terrassen verkennen. Waar bevinden zij zich nu?

Moeder is op het derde terras vanaf de top.

Vader is vier terrassen lager dan moeder.

Zoon staat bij de Graftombe van de Báb.

Dochter is één terras hoger dan vader.

Neef is één terras lager dan de Graftombe.

Op welke terrassen staat ieder van hen? Het kan helpen als je de terrassen nummmert Van 1-19 van onder naar boven.

Moeder is op terras _________.

Vader is op terras _________.

Zoon is op terras _________.

Dochter is op terras _________.

Neef is op terras _________.

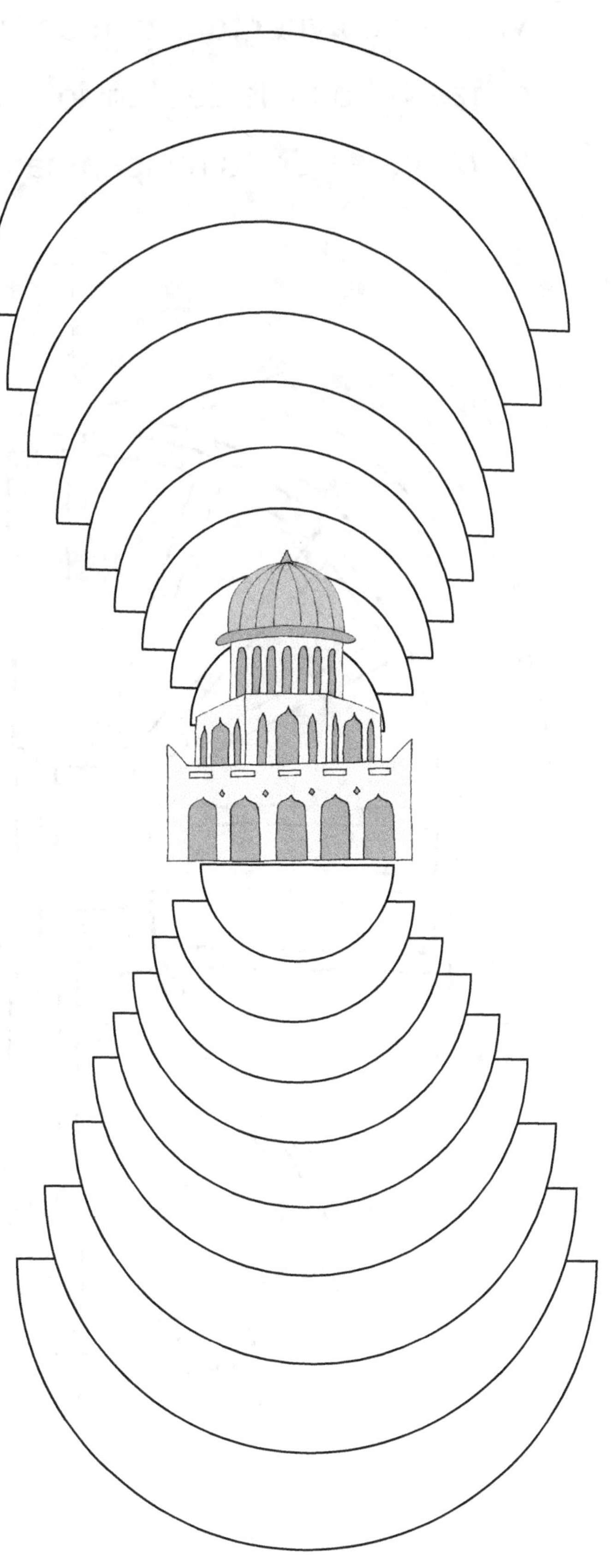

DE DOOLHOF VAN DE TUINEN VAN BAHJÍ

Vanuit een vliegtuig zien de tuinen van Bahjí er zo uit. Het grijze gebouw is de Mansion van Bahá'u'lláh. Probeer je weg te vinden over de tuinpaden naar de Mansion.

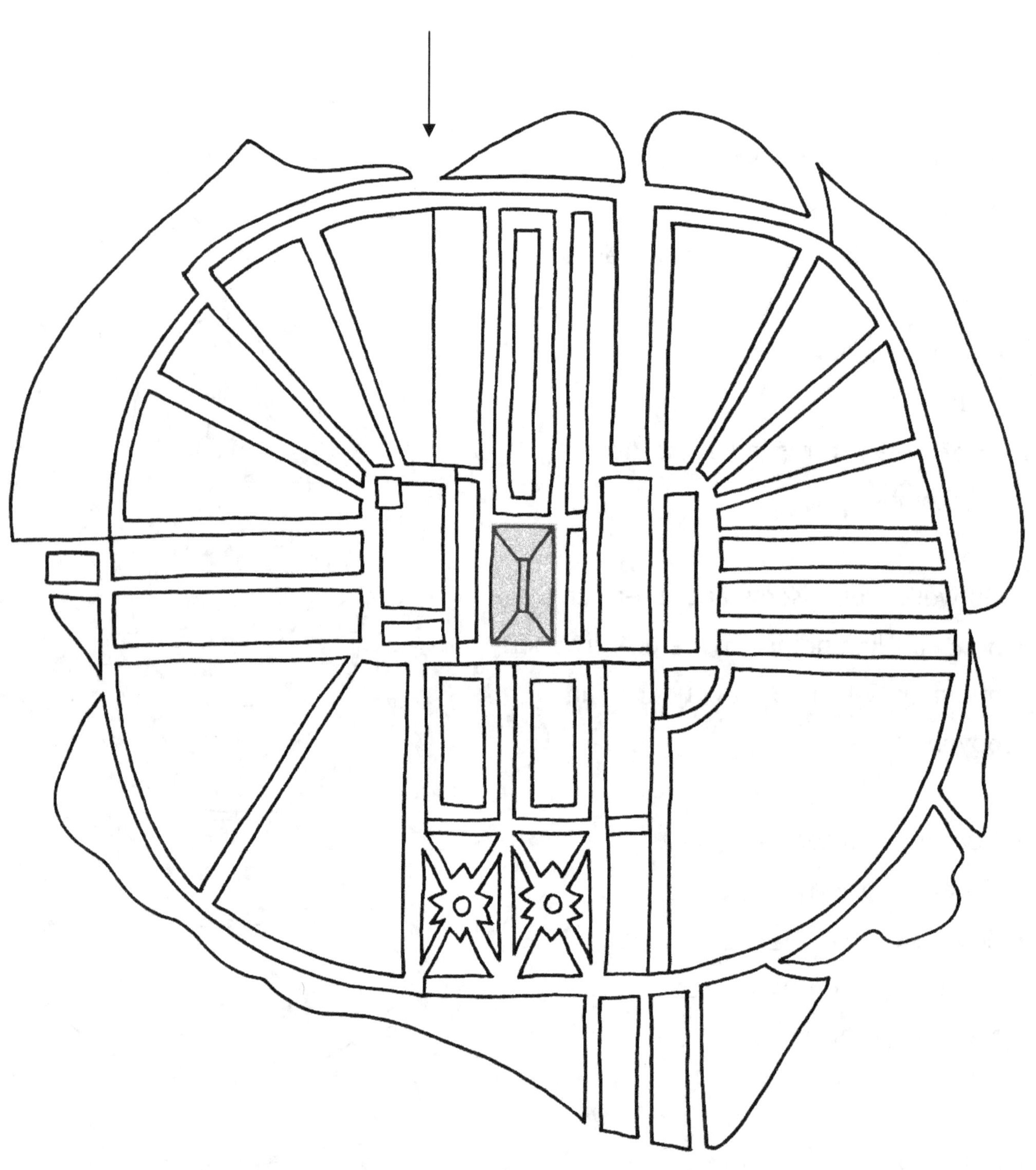

DE INGANG VAN DE GRAFTOMBE VAN BAHÁ'U'LLÁH

HET LICHT VAN GELOOF

O ZOON VAN HET BESTAAN!

Gij zijt Mijn lamp en Mijn licht is in u. Wees hierdoor verlicht en zoek geen ander dan Mij. Want Ik schiep u rijk en stortte overvloedig Mijn gunst over u uit.

Bahá'u'lláh, *De Verborgen Woorden*, Arabisch 11

Verbind de stippen met elkaar en maak de tekening, die met het citaat te maken heeft, zichtbaar.

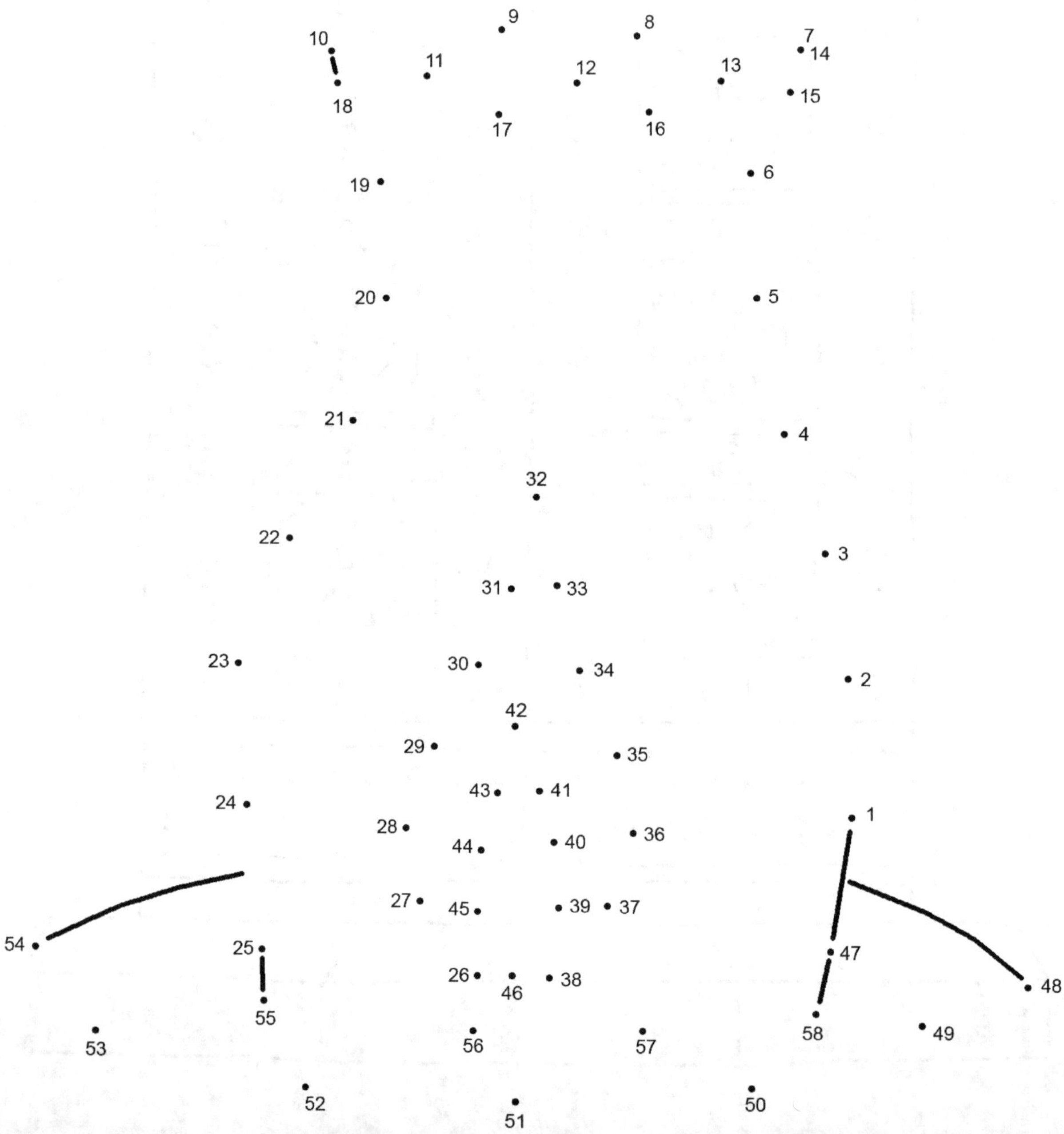

PELGRIMSREIS WOORDZOEKER

Zoek de woorden die in de puzzel verborgen zijn.

```
D K H T J B H V M L N S B G R
N Q S L E A A A Q A G E N H E
A P R I I R N H V Y E J D S O
L M E F L S R D J Q V B C U T
G O A L I E I A W I A I R H Q
I N I O G R B T S B N Q A U M
L U N U T R U O L S G G S G M
I M A R C H I E F G E B O U W
E E B S D I M M B M N N G L I
H N P O R V S J S B I P E E Y
C T U I N E N N L R S G B M F
S E B M O T F A R G E P E R E
H A K K A M U X E V R I D A C
H I A R Z A M L V M N E S K Y
M E D I T A T I E Z H N B Z I
```

AKKA	GRAFTOMBES	MONUMENT
ARC	HAIFA	OBELISK
ARCHIEFGEBOUW	HEILIGLAND	PELGRIMSREIS
BAHJI	KARMEL	RIDVAN
BERG	MANSION	TERRASSEN
GEBED	MAZRAIH	TUINEN
GEVANGENIS	MEDITATIE	

HET BAHAI WERELDCENTRUM

Het Bahá'í-wereldcentrum bevindt zich in Haifa, Israël. De gebouwen en tuinen liggen op de berg Karmel in de vorm van een boog. Schrijf bij elk gebouw het juiste nummer volgens de onderstaande lijst.

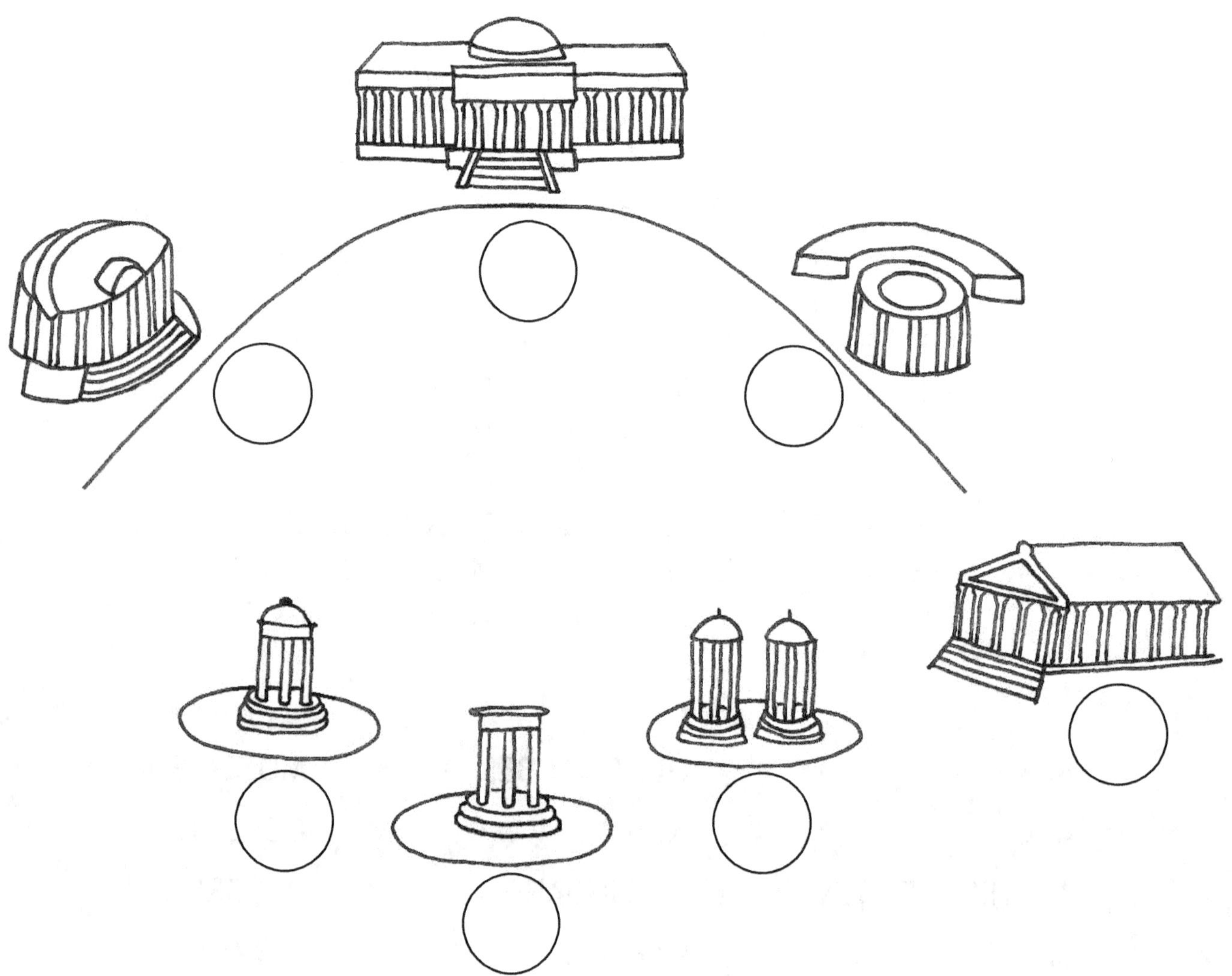

① De zetel van het Universele Huis van Gerechtigheid

② Het Internationaal Onderrichtcentrum

③ Het Centrum voor de Studie van de Teksten

④ Het Archiefgebouw

⑤ Het monument voor Bahíyyih Khánum (het Grootste Heilige Blad)

⑥ Het monument voor Ásíyih Khánum (Navváb) en Mírzá Mihdí (de Zuiverste Tak)

⑦ Het monument voor Munírih Khánum (de Heilige Moeder)

HET UNIVERSELE HUIS VAN GERECHTIGHEID

Het Universele Huis van Gerechtigheid is de hoogste bestuursinstelling in de Bahá'í-wereld. De negen leden van het Universele Huis van Gerechtigheid worden om de vijf jaar gekozen door de leden van alle Nationale Geestelijke Raden in de wereld.

Vanuit zijn zetel op de berg Karmel in Haifa, Israël, bestuurt het Universele Huis van Gerechtigheid de geestelijke en bestuurlijke aangelegenheden van de Internationale Bahá'í Gemeenschap.

Kruis het goede antwoord aan:

1. Het Universele Huis van Gerechtigheid wordt   *waar / niet waar*
   gekozen door alle Plaatselijke Geestelijke Raden.

2. Het Universele Huis wordt om de 5 jaar gekozen.   *waar / niet waar*

3. Het Universele Huis behandelt geestelijke   *waar / niet waar*
   aangelegenheden.

HET CENTRUM VOOR DE STUDIE VAN DE TEKSTEN

In het Centrum voor de Studie van de Teksten werken geleerden en onderzoekers en het is hun taak de Heilige Geschriften van het Bahá'í-geloof te bestuderen, te vertalen en te verzamelen, als hulp voor het Universele Huis van Gerechtigheid. Het aantal Bahá'í-geschriften is enorm groot: er zijn meer dan 100.000 originele documenten. Het Centrum herbergt ook veel niet-bahá'í-boeken en materialen.

Kruis het goede antwoord aan:

1. Het aantal Bahá'í-geschriften is heel erg groot. *waar / niet waar*

2. In het Centrum voor de Studie van de Teksten zijn alleen bahá'í-materialen. *waar / niet waar*

3. Het Centrum bevindt zich in Haifa, Israël. *waar / niet waar*

HEILIGE GESCHRIFTEN VAN HET BAHÁ'Í-GELOOF

Er zijn heel veel Heilige Geschriften van het bahá'í-geloof. Bahá'u'lláh, de Báb, 'Abdu'l-Bahá en Shoghi Effendi hebben elk massa's boeken en tafelen geschreven die het hart inspireren en de geest verlichten.

Zet de titels van deze bahá'í-boeken in alfabetische volgorde:

A B C D E F G H I J K L M N O P Q R S T U V W X Y Z

BAHÁ'Í AUTEURS

Wie schreven deze belangrijke bahá'í-boeken? Verbind de schrijver met de juiste boektitel. Let op: er kunnen meerdere boeken door dezelfde auteur geschreven zijn.

Bahá'u'lláh	Beantwoorde vragen
The Báb	Kitáb-i-Aqdas
'Abdu'l-Bahá	De Bayán
Shoghi Effendi	Het boek van zekerheid
Nabíl-i-Azam	God Schrijdt Voorbij
John Esslemont	Toespraken in Parijs
	De Dawn Breakers
	Bahá'u'lláh en het nieuwe tijdperk

DE ZEVEN VALLEIEN

In Bahá'u'lláh's mystieke werk "De zeven valleien", beschrijft hij de zeven stadia waar een geestelijke reiziger doorheen moet gaan om de tegenwoordigheid van God te bereiken.

Doorkruis de zeven valleien hieronder door het spoor van de voetstappen van de reiziger te volgen en de naam van de vallei te ontraadselen:

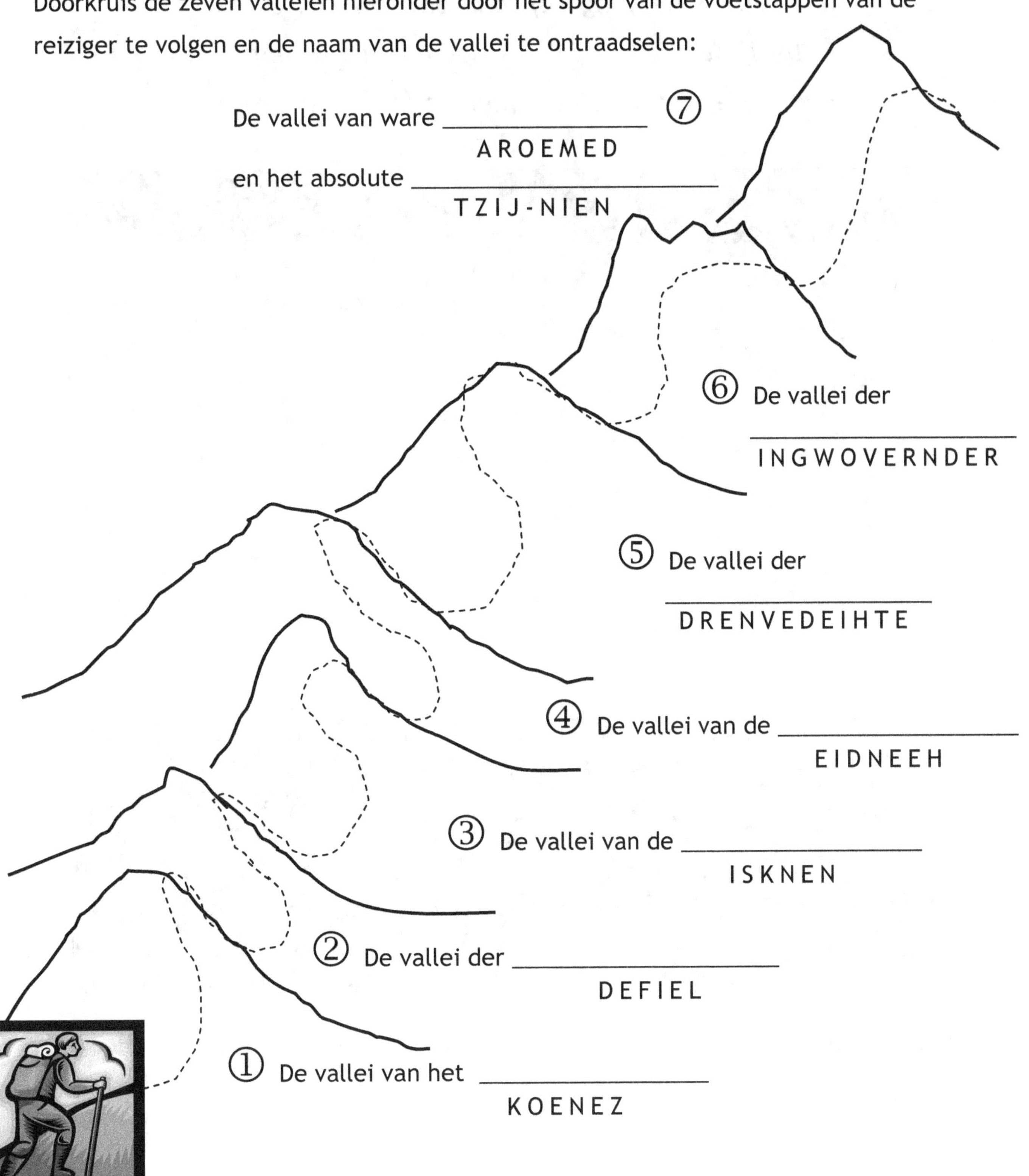

DE VERBORGEN WOORDEN

Schrijf deze aanhaling uit de Arabische Verborgen Woorden in zijn geheel over:

O MENSENZOON!

Ik had uw schepping lief, daarom schiep Ik u.

Heb Mij dus lief, dat Ik uw naam kan noemen

en uw ziel kan vervullen met de geest des levens.

Lees deze aanhaling steeds weer opnieuw totdat je hem uit het hoofd kent.

TAFELEN AAN DE KONINGEN EN HEERSERS

Bahá'u'lláh schreef brieven aan alle belangrijke heersers van de wereld in Zijn tijd. Hij maakte aan hen bekend dat Hij de Boodschapper van God voor deze Tijd was en gaf hen de raad om Zijn leringen na te volgen en rechtvaardigheid in de wereld te vestigen, om daardoor hun eigen ondergang te voorkomen!

Koningin Victoria van
Engeland

Tsaar Alexander II
van Rusland

Heersers van Amerika

Nasiri'd-din Shah
van Perzië

Paus Pius IX

Napoleon III van Frankrijk

Sultan Abdu'l-Aziz van
het Ottomaanse rijk

Keizer Wilhelm
van Duitsland

SCHRIJF AAN EEN LEIDER

Als jij een brief aan een leider mocht schrijven om hem over Bahá'u'lláh's leringen te vertellen, aan wie zou je dan schrijven en wat zou je zeggen?

datum

Aan: ______________

____

Geachte ______________,

____

____

____

____

____

____

____

Hoogachtend, ______________

HET ARCHIEFGEBOUW

Gebruik de kleurencode om de tekening te kleuren:

- ☐ wit
- △ lichtblauw
- ☐ donkergroen
- ✚ grijs
- ⊡ bruin
- ⋀ oranje
- ⋁ geel
- ⊙ lichtgroen

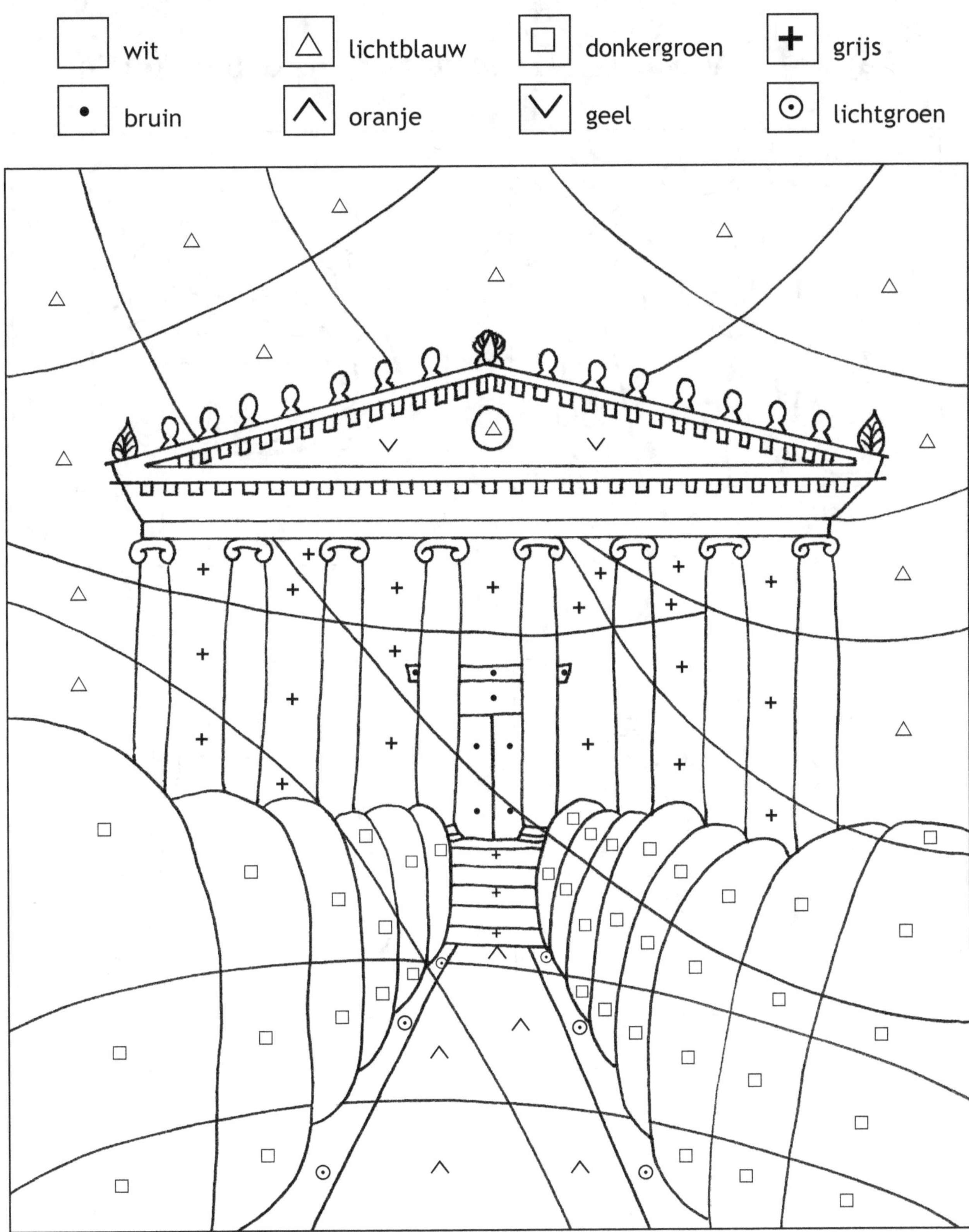

VOORWERPEN IN HET ARCHIEF

Schrijf onder elk voorwerp de juiste naam:

Táj - **Abbá** - **Zegelring** - **Gebedsketting**

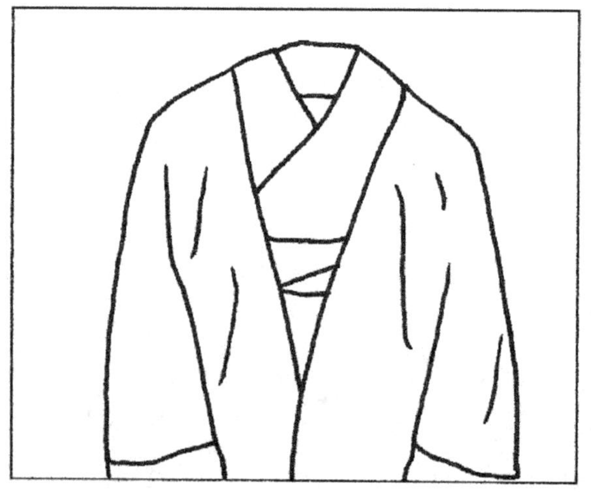

A) _______________________

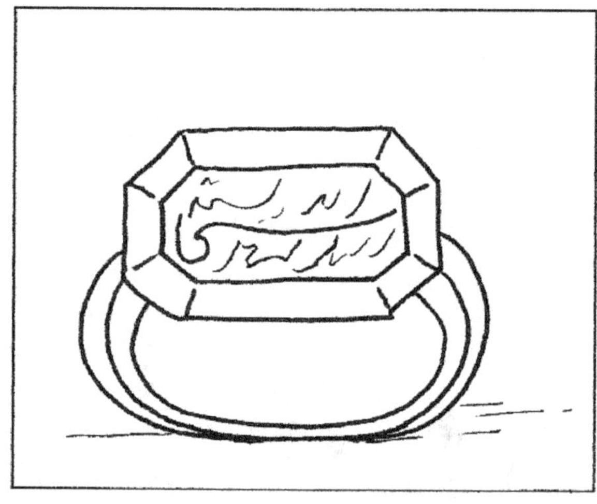

B) _______________________

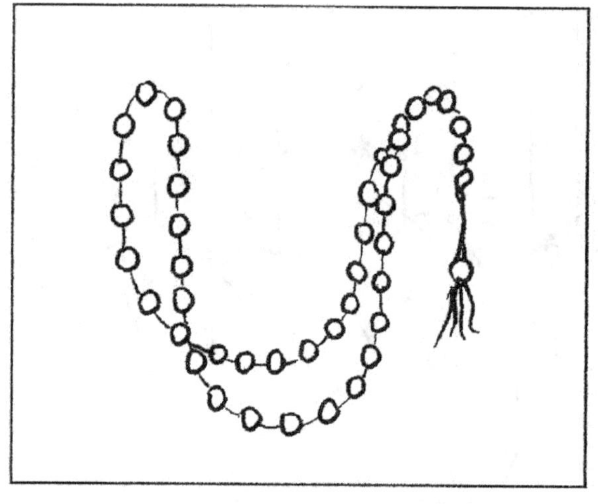

C) _______________________

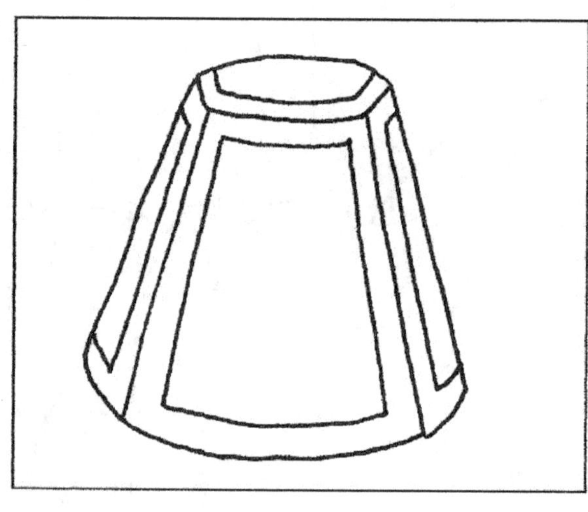

D) _______________________

HET INTERNATIONAAL ONDERRICHTSCENTRUM

Het Internationaal Onderrichtscentrum biedt plaats aan het werk van internationale en continentale 'Raadgevers'. Het is hun taak om de groei van de wereldwijde Bahá'í-gemeenschap te leiden en te stimuleren. De Raadgevers worden door het Universele Huis van Gerechtigheid benoemd.

Probeer de volgende vragen te beantwoorden:

1. Worden de Raadgevers <u>benoemd</u> of <u>gekozen</u>? Omcirkel het juiste antwoord.

2. Wat is het verschil tussen 'benoemd' en 'gekozen'? Zoek uit wat deze woorden betekenen en schrijf dat hieronder op:

'Benoemd' betekent: ____

'Gekozen' betekent: ____

HET BAHÁ'Í-GELOOF ONDERRICHTEN

Het is een van de heilige plichten van een bahá'í om de Boodschap van Bahá'u'lláh met anderen te delen en hen uit te nodigen om bahá'í te worden. Dat noemen we het bahá'í-geloof onderrichten. Wie kun je onderrichten?

Ik kan het bahá'í-geloof onderrichten aan:

______________________   ______________________

______________________   ______________________

______________________   ______________________

IEDEREEN ONDERRICHT ÉÉN ANDER PERSOON

Hoeveel mensen zouden bahá'í kunnen worden als we het principe volgden van 'Iedereen onderricht ieder jaar één ander persoon'? Kijk naar de grafiek en beantwoord de volgende vragen:

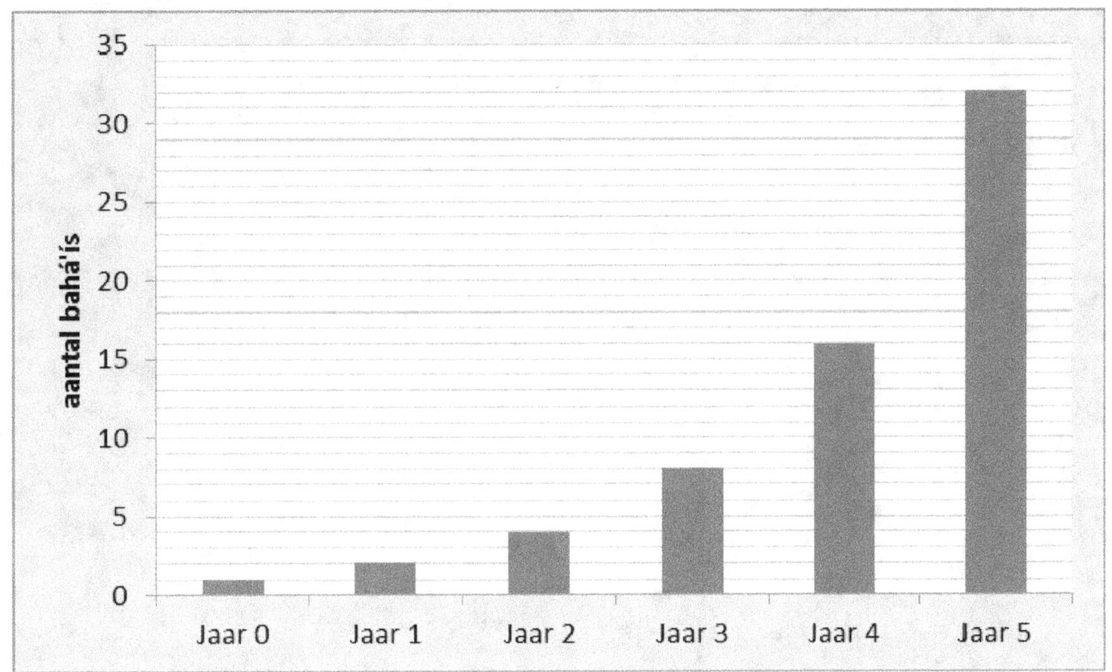

Als een bahá'í elk jaar een nieuwe persoon zou onderrichten totdat die persoon ook een bahá'í werd, hoeveel mensen zouden er bahá'í zijn aan het eind van:

1 jaar: ___________

2 jaar: ___________

3 jaar: ___________

4 jaar: ___________

5 jaar: ___________

BONUS   6 jaar: ___________

DOELEN VOOR ONDERRICHT

Dit jaar hebben de bahá'ís van 'Onze Stad' doelen gesteld voor het aantal 'thuisfrontpioniers' en 'pioniers' waarvan zij hopen dat die vanuit hun gemeenschap het bahá'í-geloof zullen gaan verspreiden. Zij willen een grafiek maken die laat zien hoe ver ze al zijn. Lees de informatie die hieronder staat en teken die in de grafiek:

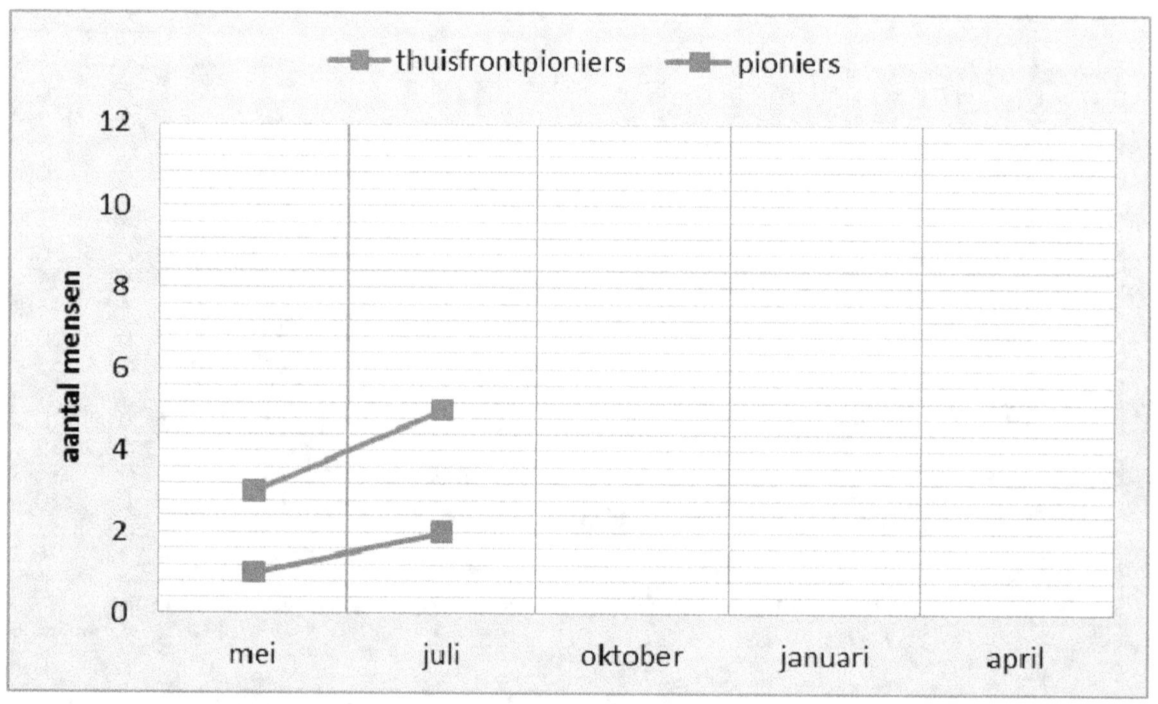

In mei vertrokken 3 thuisfrontpioniers en 1 pionier uit 'Onze Stad'. In juli waren er 1 nieuwe pionier en nog 2 thuisfrontpioniers. In oktober was het aantal pioniers 3, maar er waren geen nieuwe thuisfrontpioniers. In januari was het aantal thuisfrontpioniers gestegen tot 8, maar 1 pionier verliet zijn post en keerde terug naar 'Onze Stad'.

Als het doel is om in april in totaal 10 thuisfrontpioniers en 4 pioniers te hebben, hoeveel van elk moeten er dan nog opstaan?

Thuisfrontpioniers: _______________   Pioniers: _______________

HUIZEN VAN AANBIDDING

Verbindt ieder Huis van Aanbidding met zijn gastland:

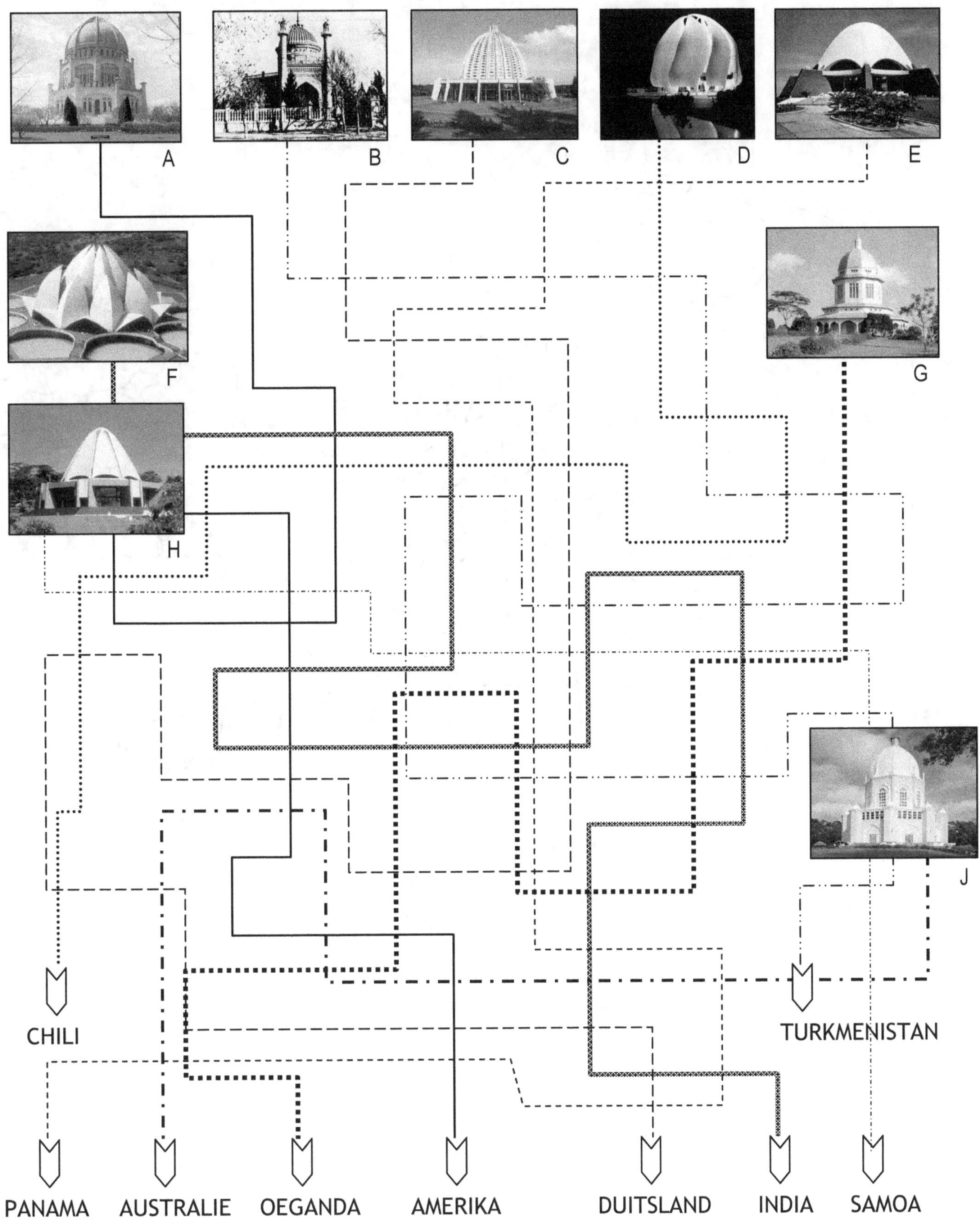

BAHÁ'Í HUIS VAN AANBIDDING IN DUITSLAND

ANSICHTKAARTEN UIT DE BAHÁ'Í-WERELD

Mijn naam is Sunita. Ik kom uit Rajasthan en ik ben hier in New Delhi bij de prachtige Bahá'í Lotustempel!

Mijn naam is Jim. Ik ben 12 jaar oud en woon in de Verenigde Staten. Ik vind het heel leuk om bahá'ís uit de hele wereld te ontmoeten!

Mijn naam is Okwui. Ik kom uit Nigeria. Ik heb een lange reis gemaakt om een Jaar van Dienstbaarheid te kunnen doen hier bij de bahá'í tempel in Oeganda.

ANSICHTKAARTEN UIT DE BAHÁ'Í WERELD

Hallo! Mijn naam is Sally. Ik woon in Sydney en ik ben pas bahá'í geworden... het is fantastisch!

Groeten uit Panama! Mijn naam is José en ik ben 13. Mijn favoriete ding is naar de bahá'í zomerschool gaan met mijn vrienden!

Maak een tekening van jezelf hier en schrijf een boodschap aan de bahá'ís in de wereld!

SUPERTOETS PUZZEL

Je hebt nu alle hoofdstukken in dit boek doorgewerkt. Probeer nu deze supertoets kruiswoordpuzzel te maken. De vragen staan op de volgende bladzijde.

SUPERTOETS VRAGEN

Horizontaal

3. Het gebouw waarin het stoffelijk overschot van de Báb ligt.

4. De hoogste bahá'í-instelling: het Universele Huis van ______________.

5. Het gebied waar de graftombe van Bahá'u'lláh zich bevindt.

7. Titel van de eerste volgelingen van de Báb: '______________ van de Levende'.

10. De titel van Shoghi Effendi.

11. De berg waarop het Bahá'í-wereldcentrum zich bevindt.

13. De betekenis van de Báb in het Nederlands.

14. De naam van de achtste bahá'í-maand in het Nederlands.

17. De eerste Vallei.

18. De eerste vrouwelijke volgeling van de Báb.

20. De stad waar de Báb de marteldood stierf.

21. De betekenis van de Báb in het Nederlands.

23. Een ander woord voor profeet.

Verticaal

1. Het tweede deel van het Negentiendaagsfeest.

2. De speciale reis die bahá'ís maken naar het Heilige Land.

6. Numerieke waarde van het woord Bahá.

8. Hoe heet de overeenkomst tussen Bahá'u'lláh en Zijn volgelingen.

9. De stad waar de Báb werd geboren.

12. De tuin waar Bahá'u'lláh Zijn Openbaring verkondigde.

15. Bahá'u'lláh's jongste zoon, Mírzá ______________.

16. Bahá'u'lláh's geboorteplaats.

19. Negentien is de numerieke waarde van dit Arabische woord.

22. Iemand die Bahá'u'lláh's leringen volgt.

GEWOON VOOR DE LOL!

Kan jij de weg vinden door het doolhof?

GEFELICITEERD! GEWELDIG GEDAAN!

ANTWOORDEN

Blz. 14
1. Mírzá Siyyid 'Ali-Muhammad
2. 20 oktober 1819, in Shiraz, Iran
3. In gebed en meditatie
4. De Báb was een uitstekende leerling.

Blz. 16
1. 23 mei 1844, in het huis van de Báb in Shiraz
2. Mullá Husayn
3. "De Poort"
4. Hij kondigde de komst aan van Gods Koninkrijk op aarde.

Blz. 19
1. Mullá Husayn
2. Quddús
3. Táhirih

Blz. 20 - vahid

Blz. 21

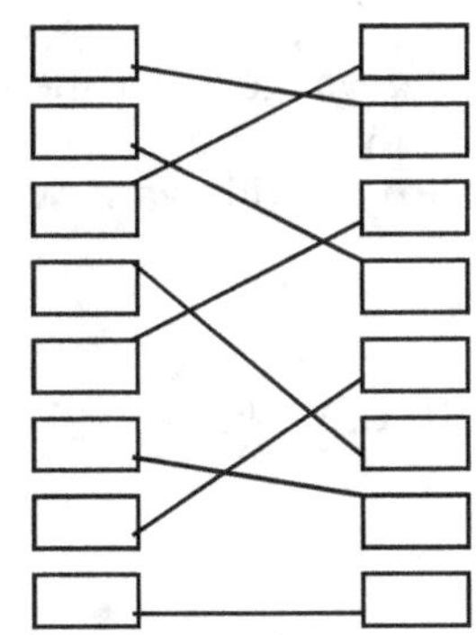

Blz. 22
c) 9
d) 5 series

Blz. 24
1. Veel mensen aanvaardden de Báb, maar anderen – vooral de regering en de geestelijkheid – verwierpen en vervolgden Hem.
2. 9 juli 1850, in de stad Tabríz

Blz. 25 (Bonus)
I, II, III, IV, V VI, VII, VIII, IX, X, XI, XII, XIII, XIV, XV, XVI, XVII, XVIII, XIX

Blz. 26
1. BAHA'U'LLAH
2. SHIRAZ
3. TABRIZ
4. QUDDUS
5. MOHAMMED (verticaal)
5. MULLA HUSAYN (horizontaal)
6. EERSTE

Blz. 27
1. Na de Báb's marteldood waren de bábis diepbedroefd, wanhopig en ze vormden geen eenheid meer.
2. Bahá'u'lláh stond op als leider, gaf de bábis moed, onderwees hen en zei hen het Geloof te onderrichten.
3. De religie van God triomfeerde over zijn vijanden en het licht van Bahá nam toe.

Blz. 28
1. 12 november, 1817, in de stad Teheran, Iran.
2. Mírzá Husayn-Ali.
3. Een familie aan het hof van de koning
4. Als kind maakte Bahá'u'lláh nooit herrie; Hij hield van de natuur, was heel intelligent, en vriendelijk voor de armen.

Blz. 30
1. Bahá'u'lláh aanvaardde onmiddellijk de Báb als Boodschapper van God.
2. Bahá'u'lláh was erg openhartig over Zijn Geloof en de geestelijken vreesden Zijn invloed.
3. Bahá'u'lláh zat vier maanden gevangen in de "Zwarte Put".

Blz. 33
1. De Hemelse Jonkvrouw.
2. 21 april- 2 mei, 1863, in de Tuin van Ridván buiten Bagdad.
3. Het Feest van Ridván.

Blz. 39

Krishna

Abraham en/of Mozes

Zoroaster

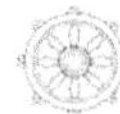
Boeddha

Jezus Christus

Mohammed

De Báb

Bahá'u'lláh

Blz. 40
Hindoeïsme: 2000 v.Chr., India, Krishna, innerlijke geestelijke discipline.

Jodendom: 1750 v.Chr., Mesopotamië, Abraham, God is Eén, Mozes.

Boeddhisme: 528 v.Chr., Nepal, Gautama Boeddha, onthechting van de materiële werkelijkheid.

Blz. 41
Christendom: 30 n. Chr., Galilea, Jezus Christus, liefde, vergeving en genade.

Islam: 610 n. Chr., Arabië, Mohammed, de eenheid van de gelovigen.

Bahá´í-geloof: 1844 n. Chr., de Báb, universele vrede en rechtvaardigheid.

Blz. 43

2000 v. Chr.	Hindoeïsme
1750 v. Chr.	Jodendom
528 v. Chr.	Boeddhisme
30 n. Chr.	Christendom
610 n. Chr.	Islam
1844 n. Chr.	Bahá´í-geloof

Blz. 44
In willekeurige volgorde: ABRAHAM, KRISHNA, BOEDDHA, JEZUS, MOHAMMED, ZOROASTER, MOZES, CONFUCIUS, BAHA'U'LLAH.

Blz. 45
WEES BLIJ! WANT DE BELOOFDE DAG VAN GOD IS GEKOMEN!

Blz. 48
"Laat uw blik de wereld omvatten in plaats van beperkt te blijven tot uw eigen ik."

Blz. 49
"De wereld is slechts één land en de mensheid haar burgers."
Bonus: EENHEID IN VERSCHEIDENHEID

Blz. 52
"Dit zijn de twee vleugels waarmee de mensheid moet vliegen"

Blz. 53
A-F, B-H, C-J, D-I, E-G

Blz. 56
1. De regeringen van het Perzische en het Ottomaanse Rijk en de religieuze leiders en geestelijken.
2. Bagdad, Constantinopel (Istanbul), Adrianopel (Edirne) en Akká
3. Bahá'u'lláh overleed in 1892.
4. 75 jaar oud

Blz. 57
1. Perzische en Ottomaanse
2. Teheran
3. Vier: Bagdad, Constantinopel (Istanbul), Adrianopel (Edirne) en Akká
4. Constantinopel (Istanbul) en Adrianopel (Edirne)
5. De Zwarte Zee, de Middellandse Zee
6. Constantinopel en Adrianopel

Blz. 58
"Bahá'u'lláh leed veertig jaar lang als een gevangene en een banneling opdat het Koninkrijk van liefde in Oost en West gevestigd zou mogen worden".

"Mijn lichaam werd gevangen genomen om u te bevrijden en Wij hebben vernedering aanvaard omwille van uw glorie."

Blz. 59
GESLAGEN, BEVRIJD, GEVANGENE, VRIJHEID

Blz. 60
- "verheft u": sta op, kom in beweging
- "wint": verover (zoals je iemands hart kunt veroveren door liefde of vriendelijkheid)

Blz. 61
YA BAHÁ'U'L-ABHÁ!
O GIJ GLORIE VAN DE AL-GLORIERIJKE!

Blz. 63
1. MANIFESTATIE
2. KNECHTSCHAP
3. RIDVAN
4. MÍRZÁ HUSAYN-ALI
5. PEN
6. ZWARTE PUT
7. VERLANGEN
8. TEHERAN
9. NACHTEGAAL

Blz. 67
1. 23 mei 1844
2. 'Abdu'l-Bahá werd geboren in dezelfde nacht waarin de Báb Zich aan Mullá Husayn bekendmaakte.
3. 'Abdu'l-Bahá deelde Bahá'u'lláh's verbanningen, ontberingen en lijden.
4. 'Dienaar van Bahá'

Blz. 68
1. hield van hen en behandelde hen vriendelijk; gaf hen geld, dekens en eten.
2. Bahá'u'lláh kon daardoor buiten de stad gaan wonen
3. "huisarrest": gevangene in je eigen huis, je mag het huis niet uit.

Blz. 69
Engeland, Schotland, Frankrijk, Zwitserland, Duitsland, Oostenrijk, Hongarije

Blz. 71
1. VERBOND
2. GEVANGENE
3. DIENAAR
4. OPVOLGER
5. NEGEN
6. AMERIKA

Blz. 72
1. Ásíyih Khánum (Navváb)
2. Bahíyyih Khánum
3. 2
4. Mírzá Buzurg en Khadíjih Khánum
5. Betovergrootvader
6. Bahíyyih Khánum, Mírzá Mihdí, Shoghi Effendi

Blz. 74
1. NAVVAB (Ásíyih Khánum)
2. 'ABDU'L-BAHA
3. BAHIYYIH KHANUM
4. MUNIRIH KHANUM
5. MIRZA MIHDI
6. SHOGHI EFFENDI
7. RUHIYYIH KHANUM

Blz. 76
1. 'Abdu'l-Bahá
2. Gebeden zingen
3. De universiteit van Oxford in Engeland
4. Haifa, 1921

Blz. 77
1. Daarin beschrijf je wat er na jouw dood met je bezittingen moet gebeuren
2. 21 jaar oud

3. De Zwitserse Bergen
4. Om op krachten te komen en te bidden om Gods hulp om zijn taak als Behoeder te kunnen vervullen.

Blz. 79
1. BEHOEDER
2. RADEN
3. EENHEID
4. TUINEN
5. KOEPEL
6. 'ABDU'L-BAHÁ

Blz. 80
'Abdu'l-Bahá Abbás
Mírzá Siyyid 'Ali-Muhammad
Mírzá Husayn-Ali
Shoghi Effendi Rabbani
Amatu'l-Bahá Rúhíyyih Khánum
Mírzá Mihdí
Mullá Husayn
Bahíyyih Khánum

Blz. 81
1-C, 2-D, 3-A, 4-B, 5-G, 6-E, 7-I, 8-F, 9-K, 10-L, 11-H, 12-M, 13-J

Blz. 82
1817 - Geboorte van Bahá'u'lláh
1819 - Geboorte van de Báb
1844 - Verkondiging van de Báb
        Geboorte 'Abdu'l-Bahá
1850 - Marteldood van de Báb
1852 - Bahá'u'lláh ontvangt Zijn Openbaring
1863 - Verkondiging van Bahá'u'lláh in de tuin van Ridván
1892 - Hemelvaart van Bahá'u'lláh
1911-1912 - 'Abdu'l-Bahá's reizen naar het Westen
1921 - Hemelvaart van 'Abdu'l-Bahá

Blz. 83-84

Naw-Rúz	21 maart
1e dag van Ridván	21 april
9e dag van Ridván	29 april
12e dag van Ridván	2 mei
Verkondiging van de Báb	23 mei
Hemelvaart van Bahá'u'lláh	29 mei
Marteldood van de Báb	9 juli
Geboorte van de Báb	20 oktober
Geboorte van Bahá'u'lláh	12 november
Dag van het Verbond	26 november
Hemelvaart van 'Abdu'l-Bahá	28 november
Ayyam-i-Há	26 februari – 1 maart
Bahá'í vasten	2 maart – 20 maart

Blz. 85

Hemelvaart van Bahá'u'lláh 

Hemelvaart van 'Abdu'l-Bahá 

Verkondiging van de Báb 

Zonsopgang in de Bahá'í Vasten 

Blz. 86-89
1. Feest van Bahá (Pracht) , 21 maart
2. Feest van Jalál (Heerlijkheid), 9 april
3. Feest van Jamál (Schoonheid), 28 april
4. Feest van 'Azamat (Grootheid), 17 mei
5. Feest van Núr (Licht), 5 juni
6. Feest van Rahmat (Genade), 24 juni
7. Feest van Kalimát (Woorden), 13 juli
8. Feest van Kamál (Volmaaktheid),
   1 augustus
9. Feest van Asmá' (Namen), 20 augustus
10. Feest van 'Izzat (Macht), 8 september
11. Feest van Mashíyyat (Wil), 27 september
12. Feest van 'Ilm (Kennis), 16 oktober
13. Feest van Qudrat (Kracht), 4 november
14. Feest van Qawl (Spraak), 23 november
15. Feest van Masá'il (Vragen), 12 december
16. Feest van Sharaf (Eer), 31 december
17. Feest van Sultán (Soevereiniteit),
    19 januari
18. Feest van Mulk (Heerschappij),
    7 februari
19. Feest van 'Alá' (Verhevenheid), 2 maart

Blz. 92
Mogelijke antwoorden kunnen zijn:
muziek, eten, zingen, lachen, vrienden,
verhalen, nieuws uit de bahá'í-wereld,
groepsactiviteiten, een eerbiedige sfeer.

Blz. 93

2	3
1	4
	5

Blz. 99
A) € 13
B) € 20
C) € 16
D) € 21

E) € 17
F) € 27

Blz. 100
€ 21 + 29 + 30 = € 80

Blz. 101
1. € 20
2. € 27
3. € 12
4. € 23
5. € 28
6. september, november, december
7. oktober
8. € 80
9. € 90

Blz. 102
Mogelijke antwoorden:
verantwoordelijkheid, netheid, moed,
hoffelijkheid, onthechting,
welsprekendheid, redelijkheid,
integriteit, trouw, welwillendheid,
vrijgevigheid, beminnelijkheid,
eerlijkheid, hoop, bescheidenheid,
rechtvaardigheid, vriendelijkheid, liefde,
gematigdheid, geduld, vredigheid,
volharding, beschaafdheid, zelfdiscipline,
betrouwbaarheid, oprechtheid, eenheid.

Blz. 104
1. Zijn haar gewassen/gekamd
2. Zijn gezicht gewassen
3. Zijn tanden gepoetst en geglimlacht
4. Schone en nette kleren aangetrokken
5. Zijn handen gewassen / nagels
   geknipt
6. Scheuren of kapotte stukken in de
   kleren gerepareerd
7. Zijn voeten gewassen en schoenen
   aangedaan

Blz. 105
"Goede morgen!"
"ik ben blij je te zien!"
"Mag ik er een, alstublieft?"
" Ja, alstublieft!
"Nee, dank u."
" Leuk dat je met ons komt spelen"
"Dank u voor het eten."
"Mag ik u een kopje thee aanbieden?"
"Het zal mij een eer zijn u te bedienen."

Blz. 107
1. Vriendschap
2. Eten
3. Speelgoed voor kinderen
4. Onderwijs
5. Gezondheidszorg
6. Kleding en dekens

7. Geld
8. Werkgelegenheid

Blz. 112
"God is toereikend voor mij, Hij is de Al-toereikende. Wie vertrouwen heeft vertrouwt op Hem."

"Wapen uzelf met Zijn kracht en macht, en sta op om Zijn Zaak te helpen en Zijn heilige Naam te verheerlijken."

Blz. 113
~~Luiheid~~
~~Roddelen~~
~~Bedriegen~~
~~Gemeenheid~~
~~Jaloezie~~

Blz. 114
A. Vriendschap
B. Moed
C. Eerlijkheid
D. Samen delen

Blz. 115
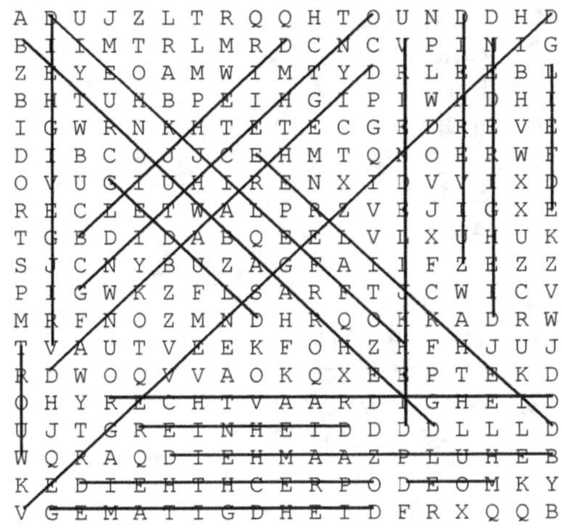

Blz. 116

dugdel	geduld
hijdekleidrieven	vriendelijkheid
grinheidere	nederigheid
eidheen	eenheid
dreigvechthaari	rechtvaardigheid
holheifijfked	hoffelijkheid
linkenijbeidhem	beminnelijkheid
diszelfneplici	zelfdiscipline
heidheidlievendwaar	waarheidlievendheid
heidrein	reinheid
tigmaheidge	gematigdheid
heidlijkeer	eerlijkheid
mode	moed

Blz. 122
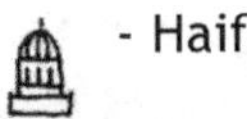
- Haifa

- Bahjí

- 'Akká

Blz. 123
1. Dinsdag
2. Zondag
3. Bezoek aan de gevangenis in Akká
4. Woensdag

Blz. 125
Moeder is op terras 17
Vader is op terras 13
Zoon is op terras 10
Dochter is op terras 14
Neef is op terras 9

Blz. 129
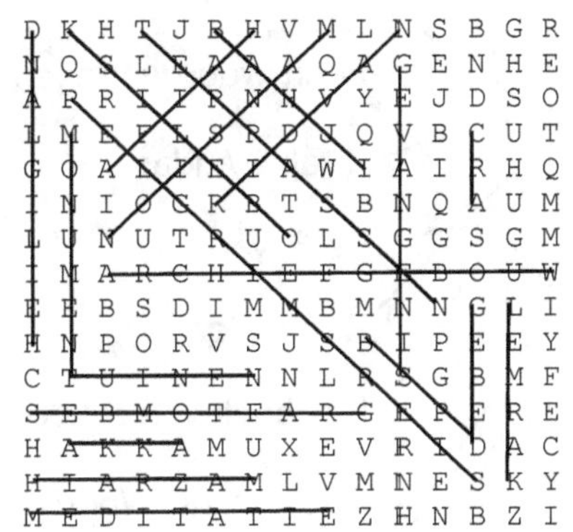

Blz. 130
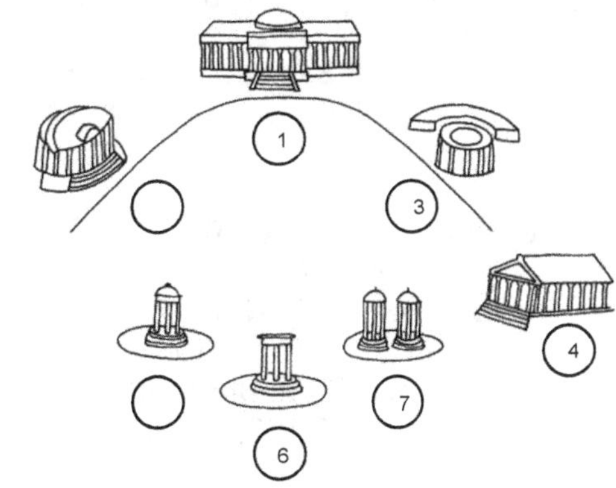

Blz. 131
1. Niet waar
2. Waar
3. Waar

Blz. 132
1. Waar
2. Niet waar
3. Waar

Blz. 133
(5) De Verborgen Woorden
(12) Zeven Valleien
(7) Het boek van zekerheid
(10) Perzische Bayán
(9) Oproep aan de volkeren.
(8) Kitáb-i-Aqdas
(2) Beantwoorde Vragen
(1) Arabische Baýán
(4) Brief aan de Zoon van de Wolf
(11) Toespraken van 'Abdu'l-Bahá in Parijs
(3) Bloemlezing uit de Geschriften van Bahá'u'lláh
(6) God Schrijdt Voorbij

Blz. 134

Blz. 135
1. De vallei van het ZOEKEN
2. De vallei der LIEFDE
3. De vallei van de KENNIS
4. De vallei van de EENHEID
5. De vallei der TEVREDENHEID
6. De vallei der VERWONDERING
7. De vallei van ware ARMOEDE en het absolute NIET-ZIJN

Blz. 140
A) Abbá
B) Zegelring
C) Gebedsketting
D) Táj

Blz. 141
1. Benoemd

Benoemd: uitgekozen worden door een hoger gezag.

Gekozen: gekozen worden door middel van stemming.

Blz. 142
Mogelijke antwoorden zijn onder andere: VRIENDEN, BUREN, KLASGENOTEN, EN/OF BEPAALDE MENSEN.

Blz. 143
1 jaar: 2 mensen
2 jaar: 4 mensen
3 jaar: 8 mensen
4 jaar: 16 mensen
5 jaar: 32 mensen
6 jaar: 64 mensen

Blz. 144
Thuisfrontpioniers: 2
Pioniers: 2

Blz. 145
A. Amerika
B. Turkmenistan
C. Duitsland
D. Chili
E. Panama
F. India
G. Oeganda
H. Samoa
J. Australië

Blz. 146
1. CONSULTATIE
2. PELGRIMSREIS
3. GRAFTOMBE
4. GERECHTIGHEID
5. BAHJI
6. NEGEN
7. LETTERS
8. VERBOND
9. SHIRAZ
10. BEHOEDER
11. KARMEL
12. RIDVAN
13. POORT
14. VOLMAAKTHEID
15. MIHDI
16. TEHERAN
17. ZOEKEN
18. TAHIRIH
19. VAHID
20. TABRIZ
21. PRACHT
22. BAHA'I
23. MANIFESTATIE